오십, 어떻게 살아야 할까

오십, 어떻게 살아야 할까

삶의 길목 위에서 찾은 해답

제임스 홀리스 지음 — 김미정 옮김

BOOK AGIT

우리가 세상을 만나는 것은 유년 시절 한 번뿐,

나머지는 기억에 불과하다.

- 루이즈 글릭 Louise Glück

당신은 결코 완전해질 수 없다. 그것이 마땅한 이치다.

당신의 내면에는 열어도 열어도 끝이 없는 저장소가 들어차 있다.

인간이라는 것을 부끄러워하지 말고 당당하게 인정하라.

- 토마스 트란스트뢰메르 Tomas Tranströmer

당신을 기다리고 있는 삶을 두 팔 벌려 맞이하려면

촘촘하게 계획해 놓은 삶을 내던지려고 매 순간 분투해야 한다.

- 조지프 캠벨 Joseph Campbell

종교를 무한한 것에 대한 끊임없는 관심이라고 정의한다면

이 시대의 인간은 종교를 상실했다고 할 수 있다.

종교가 되살아났다는 말조차 전에 잃어버린 것을 되찾으려는

절박하고 헛된 시도에 지나지 않는다.

- 폴 틸리히 Paul Tillich

나는 세상을 얻었지만

마치 버림받은 탐험가처럼

나만의 지도를 잃어버리고 말았다.

- 앤 섹스턴 Anne Sexton

프롤로그

우리가 사는 이 시대가 어수선하다는 것은 누구나 아는 사실이다. 사람들은 시대, 지리적 위치, 영적인 상황을 막론하고 자신이 어수선한 시대를 살고 있다고 생각해왔다. 개인의 삶에도 이런저런 어려움이 닥친다. 나의 삶, 타인, 자신에게 기대하는 것을 경험하지 못할 때가 허다하다. 한때 상식으로 여긴 것이 더는 적절해 보이지 않거나, 마음 놓고 믿어도 좋겠다고 생각한 것이 불투명해질 때도 많다. 이런 경향은 인류의 역사와 이 시대를 장식하는 뉴스들 그리고 상담실 안에서도 관찰된다. 우리에게 중요한 것은 낡아서 오래된 내면의 지도가 아예 자취를 감추는 듯한 '이행기'를 거치는 동안 문화적·개인적 영역에서 벌어지는 일을 들여다보는 것이다.

이 책은 이런 생각을 바탕으로 여러 장에 걸쳐 이행기in-between

times를 자세히 정의하는 한편, 심층심리학적 통찰과 그 방법론이 삶의 의미와 개인의 존엄을 추구하는 데 어떻게 활용되는지 설명한다. 몇몇 다른 장에서는 치유의 본질을 탐구하고, 분석심리학의 창시자인 칼 구스타프 융Carl Gustav Jung에게서 다양한 통찰력을 얻고자 했다. 그 밖의 장에서는 민간전승, 고전, 서양 문학이 전해주는 지침을 들으려 한다. 물론 나는 처음-중간-끝 구조로 이루어진 일차원적 문장을 한 방향으로만 써 내려가지만, 글 속에 담긴 주제들은 제시된 순서와 관계없이 서로 어우러진다. 여기 나오는 모든 이야기가 인간이라는 복잡한 존재가 겪는 삼차원적 경험이기 때문이다. 지구를 종이에 지도로 그리는 것은 까다로운 일이겠지만 내가 평생 연마한 지도 그리기 기술을 총동원해 볼 생각이다.

대중 신학이나 대중 심리학은 수명이 길지 않고, 최신 전자기기를 만지작거리며 얻는 위안도 언젠가는 끝이 난다. 1840년대에 덴마크 신학자인 쇠렌 키르케고르Søren Aabye Kierkegaard는 인간이 자기 시대의 끝을 예견할 수 있을지는 몰라도 이를 막을 수는 없다고 단언했다. 이것이 바로 내가 생각하는 우리의 현주소다. 새로운 시대가 목전에 다가온 것이 아니라 새로운 야만성이 일어나려는 것 같다. 두 시대 사이의 연결 지점에서 무엇을 맞닥뜨리든 우리의 가치를 지키려면 다부진 결의와 용기가 필요하다.

그렇다면 우리가 지켜내야 할 가치는 무엇일까? 모든 게 의심되는 시대 속에서 굳건히 버틸 방법은 어디에서 찾을 수 있을까?

선량한 독자 중에는 내 책을 기피하는 이들도 있다. 내용이 너무 어두운 데다 행복한 이야기도 별로 없고 기쁨에 관해서는 전혀 말하지 않는다는 것이다. 이를 변론하자면, 행복과 기쁨을 논하는 수많은 책은 종종 지키지 못할 약속을 내놓는다. 그 약속이다 지켜졌다면 나도 한 명의 선량한 독자로 남았을 것이다. 행복과 기쁨은 참 좋은 것이지만 그것들에는 항상 원인이 되는 맥락이 있으며, 그리 오래가지도 않는다. 한번 바짝 의욕을 부린다고 행복과 기쁨을 강제로 얻을 수 없다는 말이다.

딸 타린이 태어났을 때 나는 무척 기뻤지만 동시에 이 아이가 세상을 어떻게 살아갈지 걱정도 되었다. 내가 이 아이를 잘 보호할 수 있을지, 제대로 된 아버지 노릇을 해낼 수 있을지도 염려되었다. 이제는 타린이 쉰 살이 넘어 자신을 알아서 잘 챙기는데도 아버지로서 내 걱정은 변함이 없다. 슈퍼볼 경기에서 필라델피아 이글스가 뉴잉글랜드 패트리어츠를 꺾었을 때도 기쁨을 맛봤지만, 몇 시즌 지나고 나니 그것도 그저 먼 옛일 같기만 하다.

행복과 기쁨 같은 감정은 책에서 줄줄이 읊을 필요가 없다. 우리가 야단스럽게 강조하지 않아도 알아서 찾아오니 말이다. 행복은 자신의 영혼과 올바른 관계 속에 머문 특정 순간에 덤으로 얻는 것이다.

행복을 얻는 통로는 다양하지만, 분명 인위적 의지로는 얻지 못한다. 차라리 나는 일상생활의 본질이 무엇인지 들려주고 싶다. 우리 곁에 영원히 머무는 듯한 개인적·정치적 역사의 무게도 논하고 싶다. 나아가 정직하고 품위 넘치며 진정성 있는 삶을 산다는 게 얼마나 힘든 일인지도 말하려고 한다. 나는 우리가 이런 삶을 위해 노력해야 한다고 믿는다.

이 책을 쓸 때 나는 차마 꺼내기 힘든 이야기를 가리기 위해 '누구누구의 사례'라는 식으로 가공하지 않았다. 실재하는 사람들의 실제 이야기를 가져와 그들의 삶을 통해 지침을 얻게 하는 게 나의 목표다. 혹시 현재 자기 삶이 진행되는 방식이 마음에 들지 않는다면 자기가 추구하는 '관념ideas'이 무엇인지 들여다봐야 할 것이다. 그 관념들이 의식 수준에 있는지 아닌지 점검한 뒤에 더 나은 관념을 갖고자 노력해야 한다.

이를 돕기 위해 우리가 날마다 좇는 미묘하고 심지어 무의식적인 개념들에 관해 이야기하려 한다. 우리 삶을 움직이고 있는 보편적 주제, 모티프, 숨은 문제들에 관해서 말이다. 이러한 '관념'을 이해할 때 비로소 그 관념에 의문을 던지고 우리 영혼의 여정을 되찾을 수 있다.

우리는 다 이 길 위에 서 있다. 내가 다른 이들로부터 많은 것을 배운 것처럼 이 책이 독자들에게 유익했으면 한다. 우리가 할 수 있는 일은 자신만의 지도를 그려나가며 때때로 서로에게 도움의 손길을 내미는 것이다.

지은이 제임스 놀란

차
례

1장

◆

오래된 지도가 사라졌을 때

인간의 눈앞에서 날쌘 신들이 내려오던 시절,

인류가 시간 속에 홀로 덩그러니 남아

향수에 젖은 채 지구상에서 평생 떠돌이로 살기 전

위대한 판 신이 아직 살아 있던 그때

- 에드윈 마컴 Edwin Markham, 〈새벽의 노래 A Lyric of the Dawn〉

2천 년 전, 오싹한 소문이 지중해 문화권 전체를 뒤흔들며 공포를 불러일으켰다. 어떤 소문이었을까? 판^Pan(판 신은 그리스 신화에 나오는 반인반수의 신으로 목동들의 신이다.-옮긴이) 신이 죽었다는 것이다!

신의 죽음에 관심이 없어 그리 놀라지 않은 사람도 있겠지만, 분명히 말하건대 이 죽음은 우리 삶의 큰 분기점이었다. 그가 지녔던 활기찬 에너지를 잃어버린 것은 오늘날 갖가지 병폐가 등장하는 데 적잖은 영향을 끼쳤다. 하지만 '필멸의 신'-실제로 존재했다면 모순적인 표현-이란 판 신만을 가리키는 말이 아니다. 우리가 '역사'라고 칭하는 인간사와 '위기'라고 칭하는 개인사의 조류 속에서 지배적 가치, 우세한 기운, 중심적 은유는 언젠가 쇠잔해져 기운을 다하기 마련이다. 주어진 때를 다한 것은 죽어 없어진다. 위쪽이 한껏 부풀어 무거워진 것은 결국 무너지므로 다른 무언가로 대체해야만 한다. 바로 이때 몹시 고된 이행기가 찾아온다. 지금까지 알고 있다고 생각해온 것, 이해했다고 여겼던 것, 굳게 붙들고 있던 세계관이 전부 우리를 실망시키는 듯한 시기다.

한때 우리에게 배를 띄우고 항로를 정하도록 불을 지핀 존재는 판 신이었다. 그는 성(性)이자 충만한 욕망이며 우리 모두를 통해 피어나려는 인간의 가장 묵직한 본성이었다. 이를 부인한 결과, 질병과 신경증이 생겨났고 뒤이어 고통을 완화하는 심리치료와 약리학도 발명되었다. 인간의 자아는 진공 상태를 혐오하는 까닭에 신학, 윤리, 구속력 있는 제도가 나타나 재빨리 판의 빈자리를 메웠다. 그 의도는 고상했을지 몰라도 이러한 대리 신들은 우리에게 큰 상처를 남겼고, 자연적인 욕구와 본능에서 우리를 떼어 놓았다. 융이 지적했듯이, 결국 모든 문제의 근원은 하나다. 우리가 자신의 본능과 분리되었다는 것이다. 프리드리히 니체 F.W. Nietzsche의 말처럼 우리는 '병든 동물'이다. 대리 신들은 우리에게 실망을 안겨주었고, 새로운 대리 신들은 아직 나타나지 않았다. 우리는 또다시 두 세계 사이에 놓였다.

40년간 정신분석을 하면서 만난 각계각층의 내담자들에게는 다양한 증상과 사연이 있었지만, 근본적으로 그 패턴은 동일했다. 바로 내면에서 무언가 소진되었다는 것이다. 무언가가 제 몫을 다해 완전히 소진되어 사라졌다고 말할 정도다. '아직 나타나지 않은' 무언가는 지평선 너머에 있어서 보이지도 않는다. 어쩌면 거기 없는지도 모르고.

얼마나 많은 사람이 '해야 할' 일에 매달려 살았는가? 그런 삶이 잘 풀리긴 했는가? 부모에게 인정받고, 직장에서 승진하고, 마음이 통하는 가까운 사람들도 알아주는데 왜 새벽 3시만 되면 잠에서 깨어나 침대 끝에서 벌벌 떠는가? 그런 기분 나쁜 꿈들은 어디서 오는가? '마땅히 할 일'을 다했는데도 따분하고 무기력하고 우울하며 심지어 영혼의 불꽃과 생기가 말라 버리는 까닭은 무엇인가? 이런 이유로 매슈 아널드Matthew Arnold(19세기 영국의 시인이자 평론가-옮긴이)가 그의 시 〈파묻힌 생명The Buried Life〉[1]에 쓴 것처럼 "우리 안의 불꽃과 잠재울 수 없는 힘을 사르고픈 갈증"에 이끌려 애타게 인생의 활기를 되찾으려다 어리석은 선택을 한 사람은 또 얼마나 많은가?

이렇게 괴로운 이행기를 차분히 돌아보면 오래되고 익숙한 패턴이 드러난다. 나는 이 패턴을 찾아내고 나서야 사람들의 고통과 수고와 포부를 더 잘 이해하게 되었다. 이 패턴은 '중간항로passage'라는 이름으로 자주 불려왔다. 모든 중간항로란 '무언가 소진되고 완전히 사라져서 그것을 되찾을 수 없게 된 동시에 이를 대체할 것은 아직 확실히 나타나지 않은 상태'이다. 중간항로에서는 천진난만함, 오래된 이정표, 계획, 기대, 전략, 이야기 등이 스러진다. 반면, 앞으로 다가올 일은 아직 나타나지 않았거나 내 손안에 없으며 적어도 의식적으로 파악할 수 없다. 때로는 갑작스럽게 이런 통로가 찾아와 짧은 이행기를 겪지만, 때로는 지독하게도 힘든 이행기가 몇 년간 이어지기도 한다. 이런 현상에서는 한 가지 뚜렷한 일관성이 보인다. 우리의 본성은 일종의 죽음을 겪으며 발전한다. 옛것이 말끔히 정리되지 않았는데 어떻게 내면의 무언가가 성장해 제 모습을 드러내겠는가? 인간의 본성은 늘 다음 단계를 추구함으로써 자신의 목적을 달성한다. 우리의 안위나 통제감 따위는 아랑곳하지 않는다.

이때 능수능란하게 다음 단계로 넘어가는 이들은 전보다 더 큰 무언가를 꽃피운다. 나는 "매번 더 큰 대상을 접하며 자신을 이겨내는 것이 우리의 할 일"이라고 했던 라이너 마리아 릴케 Rainer Maria Rilke의 통찰을 인정하기 시작했다.[2]

가만히 생각해보면 대다수 사람은 충격적 사건, 실망, 패배를 딛고 성장한다. 물론, 이런 경험 속에서 무너져 내리는 자기 이미지를 악착같이 부여잡은 채 오래

• 내 자아보다 더 큰 존재가 나를 무너뜨릴 때 나는 발전과 정체의 갈림길에 선다. 이때 수월함, 예측 가능성, 통제감이 주는 달콤함을 뿌리치고 성장의 길을 택해야 한다.

1장 오래된 지도가 사라졌을 때

되고 익숙한 세계에 머물려고 애쓰는 사례도 수두룩하다. 반면, 낯설고 불편한 상태를 헤쳐 나가고 심지어 이를 넘어서서 자신이 계획했던 삶이 아닌 자기 앞에 펼쳐지는 삶을 추구할 수도 있다.

다시 릴케 이야기를 하자면, 그는 자신의 저서 《젊은 시인에게 보내는 편지 Letters to a Young Poet》에서 불확실성 속에 있는 영혼이 어두운 밤을 지날 때 모든 이가 느끼는 양가감정을 감동적으로 표현했다.

그러므로 이제껏 보았던 그 무엇보다도 큰 슬픔이 일어난다고 해도 당황해서는 안 됩니다. 빛과 구름의 그림자처럼 불안이 당신의 두 손과 당신의 모든 일 위에 드리우더라도 놀랄 것 없습니다. '내게 무슨 일이 일어났구나, 삶이 나를 잊지 않았구나, 삶이 나를 손 안에 꼭 쥐고 있구나' 하고 생각해야 합니다. 삶은 당신의 추락을 허락하지 않을 것입니다. 살면서 겪는 동요와 쓰라림과 우울을 왜 걷어내려 합니까? 생각해 보십시오. 이러한 것들이 당신 안에서 어떤 일을 일으키고 있는지 당신은 모릅니다.[3]

또다시 느끼는
기시감

자연은 우리의 안위를 지켜주지도 않거니와 우리에게 의견을 묻는 법도 없다. 서둘러 재활용하는 데만 관심이 있는 듯하다. 우리 자신의 역사를 포함해 모든 곳에서 진행되는 역사의 발흥, 결실, 소진, 부패, 쇠퇴 과정에서 이 패턴을 관찰할 수 있다. '출생-성장-죽음'의 순환이라는 자연의 역동성은 우리 각자의 삶에서도 그대로 나타난다. 19세기의 수많은 민감한 관찰자들은 확고한 신학적, 형이상학적, 윤리적 기반이 발밑에서 미끄러져 나가는 것을 체감했다.

소설가 조지 엘리엇George Eliot은 신앙에 관한 전통적인 이해와 바탕을 깎아내리는 근대적 비평신학을 표방하는 다비드 프리드리히 슈트라우스David Friedrich Strauß의 《예수의 생애Das Leben Jesu》를 번역한 뒤 이렇게 말했다고 한다. 과거 사람들에게 영감을 안겨주던 세 가지 원천인 '신, 영생, 의무' 중에서 신과 영생은 더는 사람들에게 신뢰를 주지 못하고, 의무만이 여전히 굳건한 힘을 발휘하고 있다고 말이다. 신앙에 대한 형이상학적 근거는 상실 또는 폐기했으면서 규칙, 기대, 낡은 관념에는 여전히 매여 있으니 이 얼마나 전형적인 빅토리아 시대의 올무인가! 이도 저도 아닌 이중구속이다.

그 이후 저 멀리 스위스 바젤에서는 니체가 1882년에 출간한
《즐거운 학문Die Fröhliche Wissenschaft》에서 다음과 같은 부고를 냈다.

> 신은 죽었다. 신은 죽은 채로 있다. 그를 죽인 것은 우리
> 다. 살인자 중의 살인자들인 우리는 이제 어디서 위로를
> 찾을 것인가? 지금껏 세상이 소유했던 모든 것 중 가장
> 성스럽고 강력한 존재가 우리의 칼을 맞고 피를 흘리며
> 죽었다. 과연 어느 누가 이 피를 우리에게서 씻어낼 것인
> 가? 우리 자신을 정화할 만한 물이 있을까? 어떤 종류의
> 속죄의 제의와 성스러운 제전을 만들어내야 할까? 우리
> 가 감당하기에는 버거운 이 행위는 너무 위대한 것이 아
> 닐까? 그런 행위에 걸맞아 보이려면 우리 자신이 신이 되
> 어야 하지 않을까?[4]

그보다 앞선 1860년대에 표도르 도스토옙스키Fyodor Dostoevskii
는 이 모든 일을 예견하고 신이 없다면 모든 것, 그야말로 모든
것이 가능하다고 논했다. 진지하게 고민하던 선조들의 자손답
게 우리는 그동안 신의 힘에 맞서고, 원자를 쪼개고, 램프의 지
니를 풀어 주었다. 그 결과는 윌리엄 버틀러 예이츠William Butler

Yeats(아일랜드의 시인이자 극작가-옮긴이)의 시 〈1919년 Nineteen Hundred and Nineteen〉에 나오는 아래의 인상 깊은 시구에서 잘 볼 수 있다.

이제 낮에는 용이 위세를 부리며 괴롭히고,
밤에는 악몽이 다가와 잠을 흩뜨리네.[5]

새 이름을 부여받은
오래된 신들

수십 년 전 내 인생에도 역사적 움직임과 개인적 위기가 교차하는 시점이 있었다. 1970년대 취리히에서 수업을 듣다가 알게 된 융의 글은 내 인생을 바꿔 놓았다.

우리는 이미 명료함의 정점에 도달했으므로 자축해도 된다고 생각한다. 유령 같은 이 모든 신을 저 멀리 버리고 돌아섰으니 말이다. 그러나 우리가 저버린 것은 언어적 망령뿐이다. 애초에 신을 탄생시켰다는 정신적 사실은 우리 곁에 남아 있다. 우리는 과거 올림포스의 신들을 숭배했듯 여전히 스스로 만들어낸 정신적 대상에게 꽉 붙잡혀 있다. 오늘날 이 신들의 이름은 공포증, 집착 등 한마디로 신경증적 증상이다. 질병이 신이 되었다. 이제 제우스는 올림포스가 아니라 '태양신경총 solar plexus'(신체 중심부에 있는 자율신경 집합체-옮긴이)을 다스리면서 진료실에서 흥미로운 표본을 만들어내고, 정치인과 언론인의 머릿속에 장애를 일으켜 그들이 자신도 모르게 세상에 정신적인 전염병을 퍼뜨리게 만든다.[6]

이 글은 내게 충격을 안겨준 동시에 내가 왜 혼란스러워했는지도 깨우쳐 주었다. 나는 이 문단 덕분에 내 종교적 전통과 정서적 현실 사이의 분열을 조정하고 치유하기 시작했다. 과거에는 이 분열 때문에 적잖이 괴로워하며 해결의 기미를 찾지 못했다. 나는 융이 쓴 이 문단의 의미를 연구해 '융 연구소Jung Institute'에 논문으로 발표하고,《신의 발자국을 좇아Tracking the Gods: The Place of Myth in Modern Life》라는 제목의 책도 쓰게 되었다. 이 문제가 우리 모두에게 어떻게 적용되는지 낱낱이 살펴보기 전에 의미심장한 이 문단을 찬찬히 해석하고, 점점 바래져가는 우리의 지도를 바꾸는 데 어떻게 참고할지 궁리해 보자.

첫째, '신화'란 내 종교가 아닌 타인의 종교다. 우리에게 '내 종교는 진리다!'라고 생각하는 경향이 있다는 것부터 인정하자. 우리의 굳은 신념 중 하나는 콤플렉스가 관여된 '합리성'을 동원해 사리를 분별하고 진리를 알 수 있다고 믿는 것이다. 반면, 다른 사람에게는 이런 능력이 없다고 여긴다. 이러한 원시주의 속에서 타인의 신념을 신화라고 치부하는 우리의 오만한 태도도 언젠가 우리 자리를 차지할 누군가에게 같은 방식으로 경시될 거라는 점은 까맣게 모르고 있다.

둘째, 자아 콤플렉스가 낳은 현실 감각을 초월하는 전적인 타자Wholly Other와 관계 맺을 때마다 '신god'을 만난다는 사실을 깨달아야 한다. 이것이 바로 일차 현상primary phenomenon이다. 일차 현상이란 그 자체가 원인이 되는 선험적 현상으로서, 다른 것에서 비롯되지 않으며 본질적으로 알 수 없는 것을 가리킨다.

이와 달리 자아는 부수 현상적epiphenomenal 또는 이차적 이미지에 이끌린다. 사실 이 이미지들은 현상학적으로 이 이미지를 불러일으킨 에너지보다 전적인 타자와의 만남에서 생겨난다. 하지만 우리의 자아는 예측할 수 있고, 이해할 수 있고, 관리할 수 있는 것을 원한다. 그렇기에 보이지 않는 자율적 주체로서 눈에 보이는 이미지에 신성성을 불어넣는 에너지보다 이미지 자체에 매료되는 것이다. 예를 들어, 한때 제우스 신이 눈부신 에너지를 뿜어내던 시절이 있었지만, 오늘날 제우스는 하나의 개념일 뿐, 사람의 마음과 정신을 감화시키지 못한다. 그럼에도 자아의 틀 안에서는 쉽게 문자주의 해석에 빠져서 제우스라는 이름을 한때 그 이름에 생명력을 불어넣던 에너지와 혼동한다.

심리학과 신경학을 넘어 동서양 철학도 인간이 그 어떤 현상도 정확히 이해할 수 없다는 데 동의한다. 우리는 그저 현상을 주관적으로 해석할 뿐이다. 그래서 형이상학적 신학인 종교는 필연적으로 현상학과 심층심리학 그리고 이 학문들이 인간의 내적 경험에 관해 내놓는 주관적 설명으로 대체된다.

자신의 영적 이해를 놓고 힘겹게 씨름하던 내담자가 떠오른다. 그는 한 무리의 사람들과 대화하는 꿈을 꾸었다. 그는 빛이란 그릇이기보다 그 그릇을 비추는 에너지라는 사실을 깨달아야 한다고 사람들에게 설명했다. 그러자 사람들이 그의 주장에 강하게 반발하는 듯 느껴졌다는 것이다. 나는 그의 무의식이 옳게 지적했다고 말해 주었다. 빛은 에너지이지 전구가 아니다. 전구는 타 버리지만 에너지는 다시 살아나 또 얼마간 다른 용기에 들어갈 수 있다. 유년기에 좋은 의도로 그에게 부여된 개념들에는 이제 그런 에너지가 없었다. 다 타 버린 낡은 전구를 집에 쌓아둘 사람은 아무도 없는데도, 그는 예전 개념을 버리지 못한다는 데 죄책감을 느꼈다. 사실 우리도 오래되어 다 타 버린 개념과 김빠진 생각을 붙들고 있기도 한다. 중요한 일은 어디서 에너지가 사라졌는지 확인하고 지금 그 에너지가 머무는 곳은 어디인지 찾는 것이다.

아테네 올림포스산 위의 휘황찬란한 신들은 죽지 않았다. 에너지의 이동에 따라 어딘가로 옮겨졌지만, 그들의 흔적은 여전히 남아 있다. 신경증을 가리켜 무시된 또는 억압된 신이라고 했던 융의 정의를 따른다면, 지금도 우리는 한때 올림포스산 꼭대기의 눈부신 존재들이 품던 에너지의 영향을 받고 있다고 볼 수 있다. 아프로디테에게 사로잡혔다거나 그녀에게 버림받았다고 말하는 대신, 오늘날에는 사랑의 병을 다루는 자기계발서를 사서 아프로디테를 재현할 손쉬운 5단계를 익힌다. 성난 아레스 신에게 붙잡혔다고 말하는 대신 '의로운 분노에 휩싸이는 느낌이 들었다'라고 이웃에 대한 공격을 정당화한다. 이 밖에도 많은 예시가 있을 것이다. 고대의 페르소나를 전부 등졌다고 믿고 싶겠지만, 우리는 한때 인간의 모습을 띠던 영원한 에너지에 지금도 단단히 붙잡혀 살고 있다.

개인적인 수준에서는 에너지가 사라진 현상을 신경증의 형태로 경험할 수 있다.

> 융이 지적했듯 우리 선조들은 신을 믿었다. 지금 우리는 비타민을 믿는다. 둘 다 비가시적인 대상이다.

필요한 것은 언제든 손쉽게 구하는 시대를 살아가면서도 가장 심오한 존재의 에너지에서 분리된 탓에 공허함, 혼돈, 목적 상실을 겪고 있다. 이 모두가 영혼의 병이다. 대다수의 치료사는 행동, 사고 과정, 생물학적 요인을 다루는데 이보다는 에너지가 어디로 이동했는지 묻는 편이 더 합리적이지 않을까?

신들과의 개인적이고 친밀한 관계가 사라진 뒤 그 문화적 대체물로서, 공동체에 물질주의, 쾌락주의, 자기애, 국가주의가 나타났다. 한편, 한 번도 제대로 존재한 적 없는 세계를 그리워하기도 한다. 이 시대의 오디세이아가 향하는 새로운 목적지는 애플 스토어, 진통제, 아마존 프라임에서 제공하는 액션 게임이다. 구글만 잘 이용해도 모든 것을 훤히 알 수 있는 시대인데, 이토록 우리가 기운을 잃고 상실감과 방황에 젖어 있는 이유가 무엇일까. 소위 '-주의'라고 불리는 세속적 대용물에 우리의 가치, 사실상 우리의 종교, 우리의 에너지가 가장 많이 투사된다고 여길지 모르지만 여기서 생각해 볼 분명한 질문이 있다. 이 대용물이 얼마나 유용한가? 이것들이 우리를 어떤 초월적 영역으로 이끄는가? 이유를 알 수 없는 불쾌감을 더 효과적으로 해결하면서 피해는 줄일 다른 방법은 없을까?

미국 시인 아치볼드 매클리시Archibald MacLeish는 〈위선적 영화감독Hypocrite Auteur〉이라는 시에서 이 점을 간명하게 표현했다.

은유가 죽은 세상은 끝을 맞이한다……

눈에 보이는 이미지들이 더는 아무것도 의미하지 않을 때

세상은 자취를 감춘다.[7]

2장

◆

내 안의 나침반을 따라가는 길

신의 이미지를 알 수 없을 때 자기(self) 안에서는

심한 동요가 일어나는데, 그 고통 때문에 대개 이 질문을 외면한다.

그렇다고 무의식에서도 이 질문이 방치되는 것은 아니다.

사람들은 물질주의적 관점과 무신론 같은 신념,

그밖에 이와 유사한 대체물에서 답을 찾으며,

이런 현상은 전염병처럼 퍼지고 있다.

- 칼 융

오늘 우리는 어디에 있는가? 뭔가 막이 내렸다. 우리가 서 있는 곳은 우리의 자원을 움직이고 우리에게 목적의식, 방향성, 추진력을 안겨 주는 이미지인 여러 은유의 틈새다. 현재 세계 대다수 지역에서 나타나는 위기는 우리 선조들을 동요시키고 파괴했던 위기와는 다르다. 세계를 피로 물들인 끔찍한 제1, 2차 세계대전이 있었지만 기근, 역병, 전쟁이 초래한 거대한 파괴는 세계 각지에서 대부분 수습할 수 있었다. 오늘날 이런 문제는 신이 좌우하는 것이 아니라 우리가 감당할 문제로 받아들인다. 원칙을 지키며 지혜롭게 문제에 접근하면 해결이 가능하다.

단테 시대에 이생은 진정한 삶으로 가는 도중에 머무는 대기실 정도로 인식되었다. 이 생각은 사람들이 용기를 갖고 지독한 현실 속에서도 살아남게 했고, 그런 것이 대다수 인간의 삶이었다. 규칙은 신성한 약속이므로 이를 공격하는 것은 곧 신성을 공격하는 이중 범죄라고 보았다. 오늘날 우리는 신의 대리인인 지상의 군주를 섬기기 위해 존재한다고 생각하지 않는다. 오히려 군주가 우리 머릿속의 원대한 목표인 행복을 지키는 데 유익한 삶의 조건을 만들어내고 우리를 섬긴다고 생각한다. 그리고 우리가 내세에 얻을 보상에 관심을 두지 않게 되면서 이제 국가가 그 짐을 떠안는다.

오늘날 국가는 치안과 현대적인 정부뿐만 아니라 시민들이 행복을 누릴 여건도 제공해야 한다. 반면, 알렉산드르 솔제니친Aleksandr Solzhenitsyn은 이렇게 썼다.

"공동체의 삶은 정치만으로 해결되지 않으며 정부도 이를 완전히 아우를 수 없다는 것을 이해하기까지 얼마나 오랜 시간이 걸릴 것인가? 우리 시대는 장구한 시간의 표면 위에서 펼쳐지는 영화에 불과하다."[1]

옛 질서, 옛 신, 오래된 확신을 대신하고 있는 것은 무엇일까? 지금까지도 엄청난 문화적 투자가 이루어지는 대상은 장수, 건강, 심지어 자연의 한계를 넘어서까지 생명을 유지하겠다는 환상(아마 망상)이다. 우리는 이미 건강과 수명 측면에서 놀라운 진전을 이루었다. 통계에 따르면 고대의 인간은 평균 25세까지 살았던 것으로 보인다. 1900년, 북아메리카인의 평균 수명은 47세였다. 오늘날 서구 세계의 평균 수명은 80세에 가깝다. 이 행성에서 살 수 있는 인간 수명이 비교적 단기간 내에 급격히 늘어난 것이다. 게다가 대중은 인생의 목표를 행복에 두므로 불멸의 존재만 누리던 행복을 즐기려면 더 오래 살아야만 한다. 좋다, 그렇다면 우리는 지금 얼마나 행복한가?

사무엘 베케트 Samuel Beckett의 희곡 《고도를 기다리며 Waiting for Godot》에 등장하는 한 인물은 상대에게 이렇게 말한다.

"우리는 행복하군. (침묵) 행복을 누리고 있는 지금, 이제 우리가 할 일은 뭐지?"[2] (이 대사 뒤로 이어지는 두 사람 사이의 긴 침묵은 관객을 조바심 나게 한다.)

신들이 느꼈을 만족감마저 거머쥔 지금 우리가 할 일은 대체 무엇일까? 분명 뭔가를 시작해서 최대한 많은 것을 얻어내야 한다. 저승사자가 눈앞에 나타날 때까지 우리에게 남은 이 시간을 어떻게 채워야 할까? 그저 바쁘게 지내다보면 불안을 떨쳐 버릴 수 있을까?

쇼핑이 주는 위로를 모르는 사람은 없다. 쇼핑은 손쉽게 '타자'와 소통하며 기분을 전환하게 만들기에 몇몇 사람, 아니 많은 사람이 쇼핑하는 그 순간만큼은 뭔가 의미 있는 대상과 소통한다는 착각에 빠진다. 블랙 프라이데이에 상점에 몰려드는 사람들을 한번 보자. 연휴 쇼핑 시즌 때마다 수많은 텔레비전 채널이 즐거운 행사를 앞다투어 전하며, 네덜란드 화가인 히에로니무스 보스Hieronymus Bosch와 피터르 브뤼헐Pieter Bruegel the Elder의 그림 속에서 튀어나온 듯한 욕망에 찬 얼굴들, 기대감으로 들뜬 사람들, 광란의 돌진, 옆 사람을 밀치는 모습, 평면 스크린 텔레비전을 들고 상점을 빠져나올 때 얼굴에 번지는 만족감까지 생생하게 비춘다.

몇 주 뒤로 훌쩍 넘어가 생각해보자. 눈앞의 전자제품이 준 위로 덕분에 누그러졌던 울적한 기분을 다시 느끼는 사람이 얼마나 많은가? 기나긴 대기 시간을 채운 끝에 최신 전자기기를 손에 넣었음에도 여전히 두통, 불안, 상실감에 시달리는 사람은 또 얼마나 많은가? 제품 구매를 비판하는 것이 아니다. 내게도 그런 제품이 몇 개 있다. 내가 안타깝게 여기는 것은 사람이든 사물이든 타자가 줄 수 있는 것보다 많은 것을 원할 때 필연적으로 씁쓸한 기분을 느낀다는 점이다. 이럴 때는 어떻게 해야 할까? 우리의 영혼은 어디로 향해야 할까?

17세기에 블레즈 파스칼Blaise Pascal은 이 현상을 규명하면서, 온갖 특권을 누리는 프랑스 궁정 사람들조차 자신의 영혼과 단둘이 남겨질 때는 기운을 잃고 낙담하며 초조해한다고 지적했다. 이처럼 오락divertissement 또는 기분 전환은 우리를 괴롭히는 모든 것을 막아 줄 근대적 방편이 되었지만, 정작 그런 기분 전환은 거듭 우리를 실망시켰다. 그런데 대체 무엇으로부터 전환한다는 말일까? 사람마다 다른 답을 내놓겠지만, 지금 존재한다고 믿는 신비를 온전히 누리려는 영혼의 애타는 갈망에서 주의를 돌리려는 것일 테다. 하지만 이러한 신비를 경험하는 통로였던 종족의 역할이 서서히 모습을 감추면서 현대 세계는 크나큰 고통을 안게 되었다.

일상적인 기분 전환이 그 소통을 되살리는 데 효과가 없을 때 우리는 갖가지 진통제와 이데올로기적 최면제에 빠지고 만다. 이는 이 시대만의 문제는 아니다. 약물과 알코올은 수천 년간 우리와 함께했다. 어려운 상황이 닥치면 사람들은 고통을 잊으려고 술을 마신다. 이렇게 애쓸수록 변함없이 옛 고통이 되살아나고, 또 다른 수준의 부조화마저 일어난다.

음식도 우리가 자주 찾는 치료제다. 원시적인 영양 자원이 필요할 때 이를 음식, 주식, 일용할 양식에 투사하지 않는 사람은 없다. 중독은 종류와 관계없이 전부 불안을 다스리려는 몸부림이다. 모든 중독은 미미하게나마 '효과'를 나타낸다. 그렇지 않다면 우리가 그토록 에너지를 쏟아붓지는 않을 것이다. 그러나 이 중 어떤 것도 진정한 '효과'가 없을 때면 뭔가 빼앗겼다는 분노와 배신감을 느끼는데, 우리는 이를 정당한 폭력이라고 부른다. 분노에 휩싸이고 한껏 피에 굶주린 상태가 얼마나 에너지 넘치고 주의를 사로잡는지 모른다. 겹겹이 쌓인 흥분은 우리 영혼이 당했던 폭력의 정도만큼 높은 폭력의 문화를 만들어낸다. 수세기 전에 쓰인 《맥베스》에 등장하는 맥더프 부인은 이렇게 말한다.

나는 이런 세상에 살고 있지-남에게 해를 입히면 도리어 칭찬을 받기도 하고, 좋은 일을 할라치면 위험한 바보로 취급받은 세상 말일세.[3]

눈앞의 상황을 감당하기가 너무 힘들고 버거울 때마다 우리는 어리석게도 감상에 젖은 채 과거로 돌아가 위안을 찾기도 한다. 향수nostalgia-고통과 갈망에 어원을 둔 단어-란 우리의 선조와 부모, 심지어 우리의 유년 시절 세상이 지금보다 살기 좋았다고 생각하는 환상이 만들어내는 감정이다. 실제로 그 시절이 더 나았다고 볼수 없지만, 그렇게 생각하는 것만으로도 위안이 된다. 여성, 가난한 사람, 각종 소수자에게 과거는 그다지 좋은 세상이 아니었다는 사실쯤은 간단히 잊어버린다. 사람들은 현실을 부인하고 다른 쪽에 눈을 돌려서 이 망상을 고수했다. 향수는 기껏해야 현실 부인일 뿐이다. 더 나쁘게 말하면 향수에 빠진다는 건 '내 일은 내가 알아서 할 테니 당신들은 상관 마.'라는 태도다.

사람에게는 각자 선호하는 환상이 있다. 내가 어릴 때부터 관심을 둔 것은 교육이다. 나는 교육이 내 삶을 구원했다고 생각했고, 다른 사람도 교육의 도움을 받기를 바랐다. 그래서 나는 어린 시절을 지나 성인이 되어 직장에 다니는 내내 교육에 헌신했다. 교육이 내게 유익했다면 다른 사람에게도 그러하리라고 생각했다. 나는 교육 덕분에 얻은 특권에 깊이 감사하며 내게 교훈을 준 사람들, 나의 학생이자 멘티였던 좋은 사람들에게 감사한다. 하지만 우리의 일반적인 교육 수준은 그리 높지 않으며, 논증의 오류를 찾아내는 능력이 부족함을 드러내는 증거도 찾을 수 있다. 기꺼이 자신의 무지를 인정하는 것을 지혜의 첫걸음으로 삼고, 쏟아지는 정보를 잘 걸러내 무엇이 진실을 담고 있는지, 무엇이 우리의 콤플렉스와 얕은 자기 증명 욕구를 발동시키는지 가려내는 능력이 필요하다. 하지만 안타깝게도 오락거리와 공포, 요란한 자극에 쉽게 휘둘리는 대중에게는 이런 능력이 없다.

역사의 무대에서도 이 같은 현상을 찾아볼 수 있다. 황제들은 기회주의적인 전쟁, 이해타산적으로 공익을 압류하는 행위, 다수를 곤경에 빠뜨리면서 소수에게 특혜를 제공하는 행위에 대중이 시선을 돌리지 못하도록 사람들에게 '빵과 서커스'를 제공했다. 우리도 대중적, 사회적, 정치적 문화 속에서 이와 똑같은 암울한 현상을 겪고 있다. 오늘날 온라인 무대는 고대 콜로세움에서 사자들이 사람을 잡아먹는 모습을 구경하는 것보다 훨씬 세련되고 유쾌한 즐거움을 선사한다.

새로운 신화가 된
근본주의와 과학주의

사실과 다른 과거를 그리워하는 자기 기만적인 향수도 시들해지고 교육도 빛이 바랠 때, 우리의 경험에 틀을 만들어 주며 우리에게 방향과 맥락과 호혜적 기대를 선사할 만한 지침이 되는 이미지는 무엇일까? 모든 문명과 개인에게 시시때때로 찾아오는 이 거대한 이행기 속에서 우리는 어떻게 살 수 있을까?

　우리를 앞서간 여러 문명권의 사람들은 에너지의 수축과 확산이라는 우주 질서가 있고 자신도 그 속에 속해 있다고 믿었다. 참새가 땅에 떨어지는 것도 신의 계획에 따른 것이요, 죽음과 질병, 기근도 모두 신의 뜻이라고 생각했다. 이렇듯 우주에 관해 나름의 태도를 가졌지만 그러한 힘이 지니는 난해한 점들에 자주

의문을 던지지는 않았다. 이를 훨씬 넘어서는 차원에서 자신의 궁극적 입증과 회복에 관해서도 묻지 않았다. 자신이 알아낼 수 있는 만큼 최대한 신의 뜻을 궁구하고 이와 조화를 이루며 사는 것이 중요했다. 떠도는 말들을 신봉하지 말고, 선을 넘지도 말고, 겸손한 태도로 믿어야 했다.

지금은 어린아이가 병으로 죽으면 우리의 생활 영역에 바이러스가 침투했을까 봐 질병통제예방센터에서 경계를 높이고 감염병 퇴치 계획을 수립할 것이다. 어디선가 비행기가 추락하면 연방교통안전위원회가 이유를 밝혀내 내가 탑승한 비행기가 이륙하기 전에 문제를 바로잡을 거라고 믿는다. 이 같은 변화된 기대와 문제 해결 방식은 지난 수세기 동안 이룩한 눈부신 과학기술 발전의 결과만은 아니다. 이른바 '과학주의'라는 과학에 대한 순진한 신뢰도 자주 효력을 보인다.

과학주의는 새로운 신화로서 어마어마한 신뢰와 투자를 받지만, 이에 따르는 결과는 깊이 고려되지 않는다. 그렇다고 이해할 수 없는 신비 앞에서 개인의 무력함을 인정하며 살라는 설교에 뚜렷한 반응을 보일 만큼 고상한 생각을 하는 것도 아니다.

과학주의와 상반된 심리적 태도는 과격한 근본주의다. 이러한 태도는 모호성, 불확실성, 무력감의 위협이 클수록 무서운 포악성을 드러낸다. 교육의 가치가 그렇게 중시되는데도 미국인의

46퍼센트, 즉 절반에 가까운 사람은 '신'이 지난 수천 년 안에 인간을 지금의 형태로 창조했다고 믿는다. 사실은 그렇지 않다고 입증하는 증거가 쏟아지는데도 말이다. 화석, 동물, 고고학적 증거가 쏟아져도 창조된 인간이 모든 역사의 정점을 차지한다고 생각하는 사람이 많다. 합리적이고 신중한 사람이라면 생각지도 않을 모순이 넘쳐나는데도 많은 사람이 열렬히 창조론을 옹호한다.

미국인의 절반가량이 이러한 비합리적인 생각을 받아들인다. 그 이유가 무엇일까? 이에 대해 가장 정교한 해답을 제시한 사람이 융이다. 융에 따르면, 이와 같은 반응을 낳은 것은 병리적인 콤플렉스이며, 특히 모호성과 불확실성이 낳은 불안이 추동한 콤플렉스가 원인이 된다. 이 점이 우리의 불안과 유아적 심리 상태를 건드리는 까닭에 수많은 사람이 가장 허황된 환상을 치료책으로 받아들이는 것이다. 조금 더 생각을 고양해 본질적으로 이해할 수 없는 타자이자 영원히 밝힐 수 없는 우주를 대면하는 것보다 그쪽이 감당할 만하기 때문이다.

알고리즘과 비인간적인 힘이 우주를 움직인다고 생각하는 것은, 광활한 우주에 부모와 같은 권위적 인물을 투사해 누군가 우주를 관리하며 우리에게 이롭도록 알아서 역사를 주도한다고 생각하는 것보다 훨씬 공포스럽다.

과학적 '확실성'이 근본주의자에게도 어필한다는 점 역시 주목해야 한다. 그들이 신뢰하는 물리학, 고고학, 지질학이 과거 6천 년에 국한되긴 하지만, 아무리 독실한 창조론자라도 응급실에 들어가 "모세, 예수, 모하메드가 썼을 법한 치료법만 써 주세요. 물론 마취제는 안 됩니다. 그리고 이왕 여기 왔으니 내 뇌를 열어서 악령들을 싹 몰아내 주십시오."라고 말하지는 않을 것이다.

분명 인간의 정신과 삶의 방식은 지난 수 세기 동안 놀라운 성과를 거뒀다. 하지만 여기에는 파우스트적 거래가 있다. 유발 하라리 Yuval Noah Harari가 《호모 데우스 Homo Deus: A Brief History of Tomorrow》에서 "인간은 힘을 얻는 대신 의미를 포기하기로 했다"라고 한 것은 기묘한 역설이자 사실상 악마와 파우스트 간의 거래를 새롭게 표현한 것이다.[4] 달리 말해, 이제 우리는 장대한 우주 극에 등장하는 배우가 아니라 스스로 운명을 책임지는 확신 없는 엔지니어일지 모른다. 이 포스트모더니즘 신화에는 우주극도, 해피엔딩도, 의미를 선사하는 어떤 것도 존재하지 않는다. 하라리가 "근대의 모토가 하나 있다면, 그것은 '재수 없는 일들도 일어난다'는 것이다."라고 말했듯이 이를 바로잡는 일은 전적으로 우리에게 달려 있다.

이마고 데이 Imago Dei 즉 신의 형상은 시대마다 다르다. 예를 들어보자. 18세기 말부터 19세기로 접어드는 짧은 기간 동안 신의 형상은 '기계'였다. 다른 무엇보다 우리에게 신경증이 있는 것도 이 때문이다. '신경증'이라는 단어는 기계 시대가 발흥하던 1790년대에 스코틀랜드에서 생겨났다. 당시 윌리엄 컬런 William Cullen

이라는 의사는 인간의 신경 '기계'에 결함이나 손상이 생기면 정서 장애가 나타난다고 추측했다. 이 기계를 이해한다면 결함을 고칠 방법을 찾을 수 있다고 본 것이다. 이후 또 다른 비유들이 등장해 이 이미지를 대체했다. 한 예로, 20세기 말 미국의 심리학자 제임스 힐먼James Hillman은 신들의 싸움에서 '경제학'이라는 위대한 신이 승리했다고 보았다. 다른 어떤 가치보다 이 까다로운 신을 섬기기 위해 많은 사람이 생명, 가치, 선택, 에너지를 바쳤다. 텅 비어 버린 영적인 삶을 치료하려는 현대적 방법의 근원은 경제학 신의 의붓자식인 '물질주의'에 있다. 사는 것이 힘들어지면 쇼핑하러 간다. 손쉬운 인터넷 쇼핑이 등장하기 전까지 눈부신 조명이 가득한 거대한 쇼핑몰은 신자들을 불러 모으는 사원과 같았다.

불길하게도 하라리는 최근에 나타나는 변화를 가리켜 '데이터' 또는 '빅데이터'라는 신이 나타났다고 지적한다. 당신의 소비 습관, 소셜 미디어 활동, 구글 활동을 눈여겨보는 이들은 짧은 시간 안에 당신의 정서적, 영적, 경제적, 정치적, 문화적 성향을 축적한다. 이 데이터가 쌓이면 그들이 당신의 부모나 심지어 배우자보다 더 당신을 잘 '알게' 된다.

최근 워싱턴 D.C.의 융 소사이어티 이사회의 한 구성원은 전국에 매장을 갖춘 브랜드의 한 지점을 방문했던 이야기를 들려

주었다. 누구와도 대화하지 않았고, 신용카드도 쓰지 않았으며, 구매한 것도 없었다. 그저 둘러보기만 하고 나온 것이다. 그런데 사흘 뒤 방문해 줘서 감사하다는 엽서가 날아왔다고 한다. 전자 기술로 신용카드를 읽었을까? 얼굴 인식 기법을 동원했을까? 휴대전화를 추적했을까? 도대체 어떻게 한 것일까? 그 정보를 마케팅 담당자에게 판 사람은 누구였을까?

하라리는 이제 데이터가 새로운 신이라고 강력히 주장한다. 이 신은 끊임없이 우리를 감시하는 기계를 통해 나타날 뿐만 아니라 우리의 일상적 선택을 '읽고', 교묘한 전략을 구사해 우리의 가치와 선택을 조종하며, 무의식처럼 우리 삶에 지대한 영향력을 행사하고 있다.

미국 선거 과정에 개입했다고 밝혀진 러시아 정부의 행태가 이러한 조종의 대표적인 예이다. 점점 더 인공지능A.I.이 통제하는 세상으로 향해 가는 지금의 문화는 1993년에 공상과학 소설가 버너 빈지Vernor Vinge가 '특이점 Singularity'이라고 일컬은 현상을 만들어내고 있다. 그가 말하는 특이점이란, 시대에 뒤처진 행동과 사고 양식이 인간의 이해와 통제를 넘어서는 속도로 새로이 다가오는 양식에 대체되는 순간을 말한다.[5] 지구온난화가 이론이 아니라 명백한 현실이듯 이 순간은 '저 멀리'가 아니라 이미 우리에게 들이닥쳤다.

이러한 패러다임 전환 속에서 인공지능은 인간의 지능보다 훨씬 민첩하고 빠르며 더 유능하다는 사실이 밝혀지고 있다. 현재 우리가 겪고 있는 이행기의 의미는 벌써 우리에게 나타나고 있으며, 우리가 알고 있는 것보다 더 큰 영향력을 우리 삶에 행사하고 있다. 다른 누군가가 이 사실을 알아차리고 주의를 기울이고 있으리라 추측하는 건 지나친 망상이 아니다.

변화의 시기에 대한
역사적 반응

믿을 만한 지도와 도구, 풍성한 공동체의 지원 없이 이 세계 속에서 자신의 길을 찾으려면 어떻게 해야 할까? 이것이 바로 성인기에 접어들던 청년 융이 자신의 문화와 가족, 그리고 자기 내면에서 씨름한 딜레마였다. 융은 성직자인 아버지에게 그가 설교하는 바를 어떻게 믿을 수 있냐며 집요하게 물었지만 돌아오는 답은 '그저 믿는다'라는 것뿐이었다.

이번에는 정서가 불안한 어머니에게 질문을 던졌지만, 이 때문에 융은 '저 너머의' 존재와 소통하는 마술적 통로인 강령회에 참석해야 했다. 집을 떠나 멀리 세상 밖으로 나온 융은 "아버지를 생각하면 무력감이 연상되고, 어머니를 생각하면 의심이 연상된다."라고 말했다. 사람이라면 누구나 빽빽한 선택과 가치의 숲을 경험하는데, 자기 형성의 두 기둥이 무력감과 의심일 때는 그 숲을 제대로 통과하기 어렵다. 결국, 융은 새로운 길을 찾아 나섰다.

그리고 이 중심점에서 우리를 바로잡아 주는 꿈, 우리를 시험하는 증상, 우리에게 영감을 주는 비전을 만들어낸다고 보았다. 융이 말하는 중심점은 충동을 믿는 아마추어적 태도도 아니고, 심리적 콤플렉스에 사로잡힌 상태도 아니었다. 오히려 끈기를 가지고 겸손히 오랫동안 정신psyche 또는 영혼soul에 주의를 기울이며 이것이 어떻게 변해 가는지 살펴보는 자세를 말한다.

융의 강력한 탐구들은 큰 변화가 일어나던 문화적 혼란기에 이루어졌다. 융이 인간 영혼의 지형을 가장 집중적으로 탐구하던 시기에 유럽 대다수 지역에서는 엄청난 유혈사태가 벌어지고 있었고, 한 세기가 지난 지금도 그 여파가 있다. 그중 하나가 뒤이어 발발한 참혹한 전쟁이었다. 융은 1939년 런던에서 했던 연설에서, 신의 존재를 느끼게 하는 무언가와의 소통감이 사라졌을 때 인간이 교란을 만들어내는 방식을 이렇게 지적했다.

시간이 지나면서 융은 각 사람의 내면에는 자아의식과는 별도로, 앎의 소재가 유도하는 심오한 회복탄력성이 있다고 깊은 내렸다.

(사람들은) 그저 만사에, 시시한 인생에 신물이 나서 뭔가 관심을 둘 만한 사건을 원하고 있다. 전쟁이 나면 모두들 즐거워한다. "하늘이여 감사합니다. 이제야 뭔가가 벌어지고 있군요. 뭔가 우리 자신보다 큰일 말입니다."[6]

알베르 카뮈 Albert Camus의 소설《전락 The Fall》에는 음란한 추문, 특히 살인과 연관된 소문이 돌자 온 동네 사람들이 들뜨고 즐거워하는 장면이 나온다. 영혼의 기운을 빼앗는 침울하고 권태로운 일상 속에서 그런 추문이 활기를 일으킨 것이다. 사람들이 폭력에 눈길을 돌리는 것은 생기 없고 답답하고 뻔한 일상을 그런 사건이 뒤흔들기 때문이다. 융의 마지막 문장-뭔가 우리 자신보다 큰일-은 자아에 가로막힌 세계보다 더 큰 것을 갈구하는 우리의 허기를 드러낸다. 융은 이 문장에 뒤이어 이 모든 것의 표면 아래 '외로움에 대한 끔찍한 공포'가 깔려 있다고 말했다.

알려진 바에 따르면 우리 선조들은 자신이 속한 부족의 이미지를 통해 정서적 방식으로 초월적 타자와 교류하던 시대에 살았다. 이는 우주나 신일 수도 있고, 생기 넘치고 게걸스러운 자연, 부족에 대한 소속감이나 주변 환경, 또는 자기와 자기 안의 거대한 불확실성일 수도 있다. 그러나 잘 알다시피 이렇게 정서적으로 형성되는 연결 고리가 사라지는 바람에 사람들은 다시 자신이나 현시대가 만들어낸 사회적 임시방편으로 내던져지듯 몰두하기 시작했다. 자기 영혼에 대한 감각과 나날을 보내는 영혼의 여정을 인식하지 못하면, 우리는 남모르는 사람들, 심지어 유명인들의 삶에 관심을 쏟기도 한다.

사실 유명인들은 유명하다는 점 말고는 주목할 만한 업적이 없는 경우(여러 사람이 떠오른다)가 많다. 세계 곳곳에서 단절을 해소하는 데 동원되는 것은 기분 전환, 최신 뉴스(피 흘리는 기사가 주목받는다.), 항간의 추문, 특정 매개체가 초래하는 일촉즉발의 위협 같은 것들이다. 심지어 제약업계에서는 새로운 복합 제제를 발견해 대박을 터뜨린다면, 허가 외 사용을 할 수 있지 않을까 하는 기대로 인해 아직 제대로 밝혀지지도 않은 질병에 대한 약을 만들어내고 있다.

신은 죽었다고 선언한 니체의 말은 신학적 주장도, 형이상학적 주장도 아니었다. 그저 주위를 둘러보며 이웃을 관찰했더니 그 시대 신앙인들이 맥없고 틀에 박혔으며 조심스럽고 소심하고 에너지가 없다는 것을 인식하게 되었고, 이를 심리학적 측면에서 말했을 뿐이다. 니체가 보기에 기독교와 같은 종교는 물을 포도주로 만드는 놀라운 신인 예수에게 돌아가야만 명맥을 유지할 수 있는 듯했다. 반면, 니체가 숭배할 수 있는 신은 '춤추는 신'이었다. 그는 우리 정신에 에너지를 불어 넣어 영혼에 의미 있는 관계를 부여하는 역할을 중요시했다. 그런 역할이 이행되지 않으면 무슨 일이 벌어질까?

순응주의와 진부함이 팽배하던 시절인 1958년(나도 그 시절을 살았기에 잘 안다.), 〈새터데이 이브닝 포스트 The Saturday Evening Post〉라는 잡지에 신학자 폴 틸리히가 쓴 '종교가 잃어버린 차원 The Lost Dimension in Religion'이라는 에세이가 실렸다. 그는 이 글에서 자신이 관찰한 바를 기술했다.

> 이 말은 인간이 다음 질문에 대한 해답을 잃어버렸다는 뜻이다. 인생의 의미는 무엇인가? 우리는 어디에서 와서 어디로 가는가? 태어나서 죽기까지 짧은 생을 사는 동안 우리는 무엇을 하고 어떤 존재가 되어야 하는가? 이 질문들은 '깊이의 차원' 없이는 애초에 제기되지도 않고, 해답을 구할 수도 없다. 이것이 바로 역사의 한 장을 장식하는 우리 시대 인간에게 벌어진 일이다. 지금 사람들은 앞선 세대처럼 끝없이 진중한 태도로 이런 질문을 꺼낼 용기를 잃어버렸다. 나아가 이 질문들에 대한 해답이 어디서 나오든 이를 수용할 용기도 없다.[7]

거대한 우주의 에너지와 우리가 단절되었다는 느낌을 없애준다는 갖가지 방법들, 시시각각 우리의 주의를 끌어당기는 번잡한 오락거리 속에는 뭔가가 빠져 있다는 것을 모두가 알고 있다. 우리 영혼의 일부가 아파하고 있으며, 우리보다 거대한 존재와의 연결을 갈망하고 있다는 것 또한 알고 있다.

정리하면 이렇다. 신들이 떠나면서 우리 각자에게 나름의 장치를 남겨 주었는데 이것이 제대로 작동하지 않고 있다. 우리는 맹목적으로 확실성에 기대어 사태를 부인하려고 부단히 애쓴다. 우리의 주의를 사로잡고, 감각을 마비시키며, 중독을 일으키는 유혹적인 방편에 매달려보지만, 결국 느끼는 것은 지독한 외로움과 타는 듯한 갈망이다.

우리는 어떻게
살아가야 할까?

지난 몇 년 사이에 여러 사람이 내게 같은 질문을 했다. "이런 시대 속에서 어떻게 계속 살아갈까요?" 심사숙고, 상호주의, 정정당당한 승부, 예의를 바탕으로 하는 사회적 계약이 깨지고 냉소주의, 부패, 가치 하락이 그 자리를 대체하는 것을 보며 사람들은 자신이 침해당했다고 느낀다. 나는 그들에게 "달리 방법이 있나요?"라며 간단히 되물었다. 문제없는 시대는 없었다.

우리가 겪는 문제 대부분은 선진국이 지닌 문제다. 대다수 사람은 식량과 피난처, 상대적인 치안을 당연하게 여기며 자랐다. 가만히 돌아보면 우리는 선조들보다 훨씬 편하게 살고 있고, 심지어 융이 살던 시대보다도 훨씬 편하게 살고 있다. 거친 바다와 같은 삶을 견뎌낸 이들을 돌아보아야 한다. 문화적 혼란, 패러다임 교체, 이행기, 개인적인 위기를 겪을 때 우리 모두는 반드시 다음과 같은 생각에 도달해야 한다.

- 개인은 자신의 깊은 내면에 존재하는 것, 자신이 우선시하는 가치, 자신의 행동으로 규정된다.
- 타인, 특히 혼란에 빠진 이들의 행동은 나를 규정하지 않는다.
- 시대마다 우세한 신화가 무엇이든 간에 문명은 늘 선한 의지로 공동체를 지키고자 하루하루 노력하는 이들에게 의존한다.

우리 모두는 이 시대를 치료하기 위해 개인적, 사회적 위치에서 실천할 일이 있다. 아이들은 따뜻한 돌봄을 받아야 하며, 수업은 계속 진행되어야 한다. 병원이 문을 열고, 경찰이 교통을 정리하며, 교사가 학생들을 가르치는 일은 지속해야 한다. 세상은 우리 각자가 얼마나 성실하게 자신의 최선을 보여 주느냐에 따라 달라진다. 심층심리학의 이점은 우리가 자신의 '깨달음의 중심 locus of knowing'으로 가는 길을 발견하도록 돕고, 그 길을 찾아가도록 나침반을 제공한다는 것이다.

3장

◆

내면 깊은 곳을 들여다보는 심층심리학

의식은 물질 너머를 향한다.

모든 별을 한데 모아둔들 그 별들이 봄을 느낄 순 없는 법이다.

- 잭 길버트Jack Gilbert

19세기만 해도 우리가 알고 있는 심리학은 존재하지 않았다. 고통 속에 탄생한 이 신생 분야는 '마음'에 관한 연구로서 사람들이 인정할 만한 '학문' 영역 안에 불안하게 첫발을 내디뎠다. 지금이야 무의식의 힘, 콤플렉스의 역할, 원형의 형성 과정 등을 당연시하지만 처음부터 '마음'에 큰 비중을 둔 것은 아니었다. 이것이 심리학의 시작이었다.

이렇듯 불안하게 시작한 심리학은 학계와 의료계를 비롯한 전문 영역 안으로 받아들여질 만한 가치를 입증해야 할 절박함이 있었다. 그때의 갈망이 오늘날까지 심리학을 괴롭히고 있으며, 안타까운 분열을 낳고 있다. 신화를 만들어내는 세계, 즉 우리가 살아가는 실제 세계보다는 경험적으로 가치를 검증하는 쪽이 더 우세하다. 물론 좋은 의도에서 비롯된 일이지만 이처럼 물질적인 면으로 중심이 기울다보니 인간이 처한 조건을 협소하고 사소하게 만드는 경우가 허다하다. 그 결과 우리는 신화와 불가사의한 것들 속에서 헤엄치고 있다는 사실을 외면한 채 관찰과 측정 가능한 것만이 실재한다고 단정 지을 때가 많다.

융에 따르면 심리학이 사회과학 중에서도 후발 주자가 되어 19세기 말에야 발전한 이유는 한때 부족의 신화나 위대한 종교들이 심리학의 탐구 영역을 담당했기 때문이다. 다시 말해, 올바른 행동 방향이나 큰 그림을 알고 싶을 때 대다수 사람의 주위에는 마을의 주술사 또는 이들 위에 존재하는 기관 등 권위를 부여받은 주체가 있었다. 자신의 문제나 개인 영역을 넘어서는 문제로 뜻밖의 고통을 당하는 사람은 그저 경전이나 오래된 이야기만 펼쳐 봐도 해답을 얻을 수 있었다. 융은 이러한 권위 주체들이 점점 각 개인 또는 부족을 초개인적 에너지와 연결하는 능력을 상실한 탓에 근대적인 심층심리학이 탄생했다고 지적했다. 우리 시대에도 계속되고 있는 '권위'의 이전은 인류 역사에서 권력이 집단에서 개인으로 옮겨가는 가장 큰 현상을 대표한다. 개인이 이를 감당할 수 있을지는 미지수다.

좀 과장이긴 해도, 나는 서구에서 왕과 평민 모두가 세상을 잘 받아들였던 마지막 시대는 1320년대 전후라고 말한다. 이 시점을 택한 것은 이해와 예측이 가능한 세계관Weltanschauung을 극적으로 표현하고, 영원한 가치 구조를 묘사하며, 역사 속에 드러난 다양한 여파를 일목요연하게 그려낸 단테의 《신곡La Divina Commedia》이 이때 출간되었기 때문이다.

이 작품에서는 영혼의 위도와 경도를 나란히 보여 주는 것으로 성곽과 대성당이 등장하는데 이는 신성한 제재와 지상의 주권을 모두 의미한다. 그러다가 이전의 권위를 침식하는 사태가 벌어진다. 땅에 기대어 농사를 짓던 사람들이 도시로 이주한다거나, 흑사병이 일어나 권위를 행사하는 사람들이 무력화된다거나, 잇속에 밝고 점점 교육 수준이 높아지는 중산 계급이 부상하는 등, 냉혹한 힘이 등장한 것이다. 그러자 사람들은 진정한 삶은 현세 너머에 있다는 환상을 버리고 '이 땅'의 가치에 점차 눈을 돌렸다.

이러한 혼란 속에서 '인간의 영혼에는 어떤 일이 벌어질까?', '이제 무엇에 의지해 우리 앞길을 찾아야 할까?'와 같은 불변의 질문은 사라지고 말았다. 그렇다면 심리학이 어떻게 우리를 이끌어갈 수 있을지, 그러지 못할 때 심층심리학은 어떤 대답을 내놓는지 이제부터 살펴보자.

내면 깊은 곳을
들여다보며

우선 이 질문에 대해 생각해보자. 심리학과 정신의학의 핵심을 이루는 단어나 개념 중 근대의 치료 기법에서 완전히 사라진 것은 무엇일까? 아이러니하게도 답은 정신psyche이다. 심리학과 정신의학의 실제 내용은 차치하고라도 두 단어의 형성 과정에는 이 단어가 꼭 들어간다.

현대의 심리학적, 정신의학적 치료에서는 사람을 주로 행동, 사고(思考), 신체 화학 작용으로 나누어 다룬다. 모두 관찰할 수 있고 잠재적으로 측정할 수 있는 영역이다. 물론 이것들이 우리의 구성 요소이긴 하지만 우리는 이보다 훨씬 많은 것을 지니고 있다. 누군가 당신의 행동을 나열하고, 사고 과정을 요약하고, 의료 기록을 살펴보고는 쉽게 당신의 실체를 파악했다고 말한다면 기분이 나쁠 것이다. 그런 조각조각 나뉜 정보 말고도 더 많은 것이 당신에게 있다고 항변하고 싶을 것이다. 그리스어로 '영혼'을 뜻하는 'psyche'는 인간이 의미를 갈망하는 동물이며 의미를 상실하면 고통스러워한다는 점을 일깨워 준다. 물론 행동 패턴, 반사적이고 검증되지 않은 사고 과정, 생물학적 요인의 집합도 우리를 구성한다. 하지만 관찰할 수 있는 삶의 특성에만 관심을 두면 더 거대하고, 양으로 치환할 수 없는 의미의 문제를 과감하게 다루는 데 실패하게 된다.

심층심리학은 우리가 지니고 있는 근원의 신비와 대화를 시도하면서 한 사람의 온전한 모습에 접근하려고 노력한다는 점에서 심리학의 다른 분야와 결이 다르다. 이러한 깊이 있는 대화로 들어가려면 무의식을 다루지 않을 수 없다. 무의식은 많은 부분이 감춰진 신비로운 세계지만 우리가 사는 세상 속에 끊임없이 많은 것을 쏟아내고 있다.

이를 직접적으로 다룰 수는 없지만 우리의 행동 패턴과 방해 활동, 특정 감정이 밴 생각들, 신체적으로 표현되는 영혼의 장애를 통해 무의식을 추적하고, 들여다보고, 해석할 수는 있다. 이런 문제들을 통해 치유를 원하고, 우리의 방해로 괴로워하고, 산만해진 주의를 바로잡으려는 능동적인 정신의 역동을 엿볼 수 있다. 이상하게 들릴지 모르지만 정신이 선사한 선물 중 하나가 '정신병리'다. 정신병리는 한 개인이 자신의 영혼과 지나치게 분리된 까닭에 정신이 시위를 벌이며 책임을 물을 때 발생한다. 심층심리학에서는 우울증, 불안장애, 자기 치료self-medication(증상을 해소하고자 시도하는 음주나 약물 복용-옮긴이) 등 현재 나타나는 증상을 정신의 자연스러운 표현이라고 본다. 지금 나의 삶이 어떻게 돌아가고 있는지 영혼의 관점에서 내놓은 논평이라는 것이다. 자아의식과 일반적인 치료 측면에서는 최대한 빨리 정신병리를 제거하려고 하지만, 심층심리학은 우리의 깊은 내면과 대화하자는 이 초대를 존중한다. 이를 위해 우리는 다른 종류의 질문을 던진다.

- 이 증상이 내게 나타난 이유는 무엇일까?
- 내게 무엇을 원하는 걸까?
- 나의 어떤 점을 고치려고 노력해야 할까?

정신병리의 어원이 '영혼이 고통 받고 있다는 표시'라는 것을 고려할 때, 우리가 생각할 문제는 '의미'다. 인생을 어떻게 살아야 하며 성공하려면 어떻게 해야 하는지 가족과 문화가 전해준 일련의 지침에 따라 우리는 그 기대를 충족시키려고 최선을 다한다. 하지만 이상하게도 이 목적을 달성하고 나면 오히려 생기를 잃고 맥이 풀리면서 우울해지기까지 하는 것이다. 이렇게 내부의 에너지가 소진되고 영혼의 음성을 듣고 싶어지는 것은 다시 처음으로 돌아가 나의 삶, 나의 목표, 나의 추측, 심지어 나의 '권위자' 또는 나의 '신'을 재구성하라는 신호다.

심층심리학에서는 보통의 자아의식과 대다수 치료법이 목표하는 것보다 더 깊게 자신과 대화하려는 노력이다. 영혼이 내게 요구하는 삶, 선택, 가치, 위험은 결코 호락호락하지 않으며 나의 안전과 예측 가능성을 위협할 수도 있지만, 이 위험을 감수하면 '의미'를 선물로 얻게 된다. 심층심리학에서는 순간순간 지나가 버리는 행복이 아니라 변함없이 존재하는 의미를 인생의 목표로 여긴다.

내 안의 이야기를
들여다보고 각색하기

심층심리학은 지금의 상태를 가져온 과거 경험을 점검하는 데 특히 주목한다. 애초에 자신을 경로에서 벗어나도록 유도하고, 타인과의 관계를 형성하며, 자신의 일상생활로 자리 잡은 일차적이고 내면화된 '이야기'나 그 해석을 살펴보는 것이다. 이런 경험을 꺼내어 과거에 눌러앉으려는 것이 아니라 과거 사건이 지금도 내면에 영향을 미치고, 패턴을 만들어내고, 주의를 사로잡으며, 선택의 자유를 축소시키는 방식을 파악하기 위함이다. 윌리엄 포크너 William Faulkner 가 관찰한 것처럼 과거는 죽지 않았다. 심지어 이 과거는 과거라고 할 수도 없다. 어린 시절부터 우리는 적응하고, 어울리고, 필요한 것을 충족하고, 해로운 것을 피하고, 불안을 다스리기 위해 세상을 '읽기' 시작한다. 불확실한 자신의 길을 밟아나가는 과정에서 아래와 같은 질문을 던지게 된다.

- 너는 누구인가?
- 나는 누구인가?
- 우리 사이에는 어떤 교류가 있는가?
- 나는 이 세상을 어떻게 대해야 하는가?
- 나는 내 모습 그대로 인정받을 만한가, 아니면 뭔가 다른 모습으로 자신을 이리저리 비틀어야만 당신의 사랑을 받을 수 있는가?

삶의 틀을 형성하는 이런 경험은 운명이 정해 준다. 태어나 만난 가족, 내가 속한 문화, 나의 일생에 벌어진 사건들을 선택할 수 없는 노릇이다. 하지만 이 사건들을 '읽고' 이 경험들로부터 원시적이고 부분적이며 편파적인 해석만 얻는다면, 다른 경험을 통해 색다르고 자유로운 메시지를 얻기 전까지는 자기 해석을 바꾸기 어렵다. 그러므로 삶의 패턴을 '읽어' 보면 지금까지 우리가 삶에서 중요시했던 유의미한 이야기들에 대해 많은 것을 깨닫게 되고, 이를 의식 수준으로 끌어올려 인생 여정을 든든하게 해 줄 더 크고 좋은 이야기를 생각할 기회가 생긴다. 행동만 바꾸고 그 행동을 일으키는 무의식의 지점을 외면한다면 이전의 '이야기'는 새로운 통로, 또 다른 관계와의 딜레마로 옮겨갈 뿐이다. 이렇게 감정이 실린 '이야기' 또는 '콤플렉스'는 분리된 인격, 분열된 생각, 신체적 여파로 나타난다. 바람직하지 못한 행동, 회피, 자기 패배적인 순응을 일으키는 핵심 인식이나 관념을 규명해 이를 따져보고 충분히 작업해낼 때까지 정신은 계속 갇혀 있고, 영혼은 꼼짝하지 못하며, 고통은 지속된다.

꿈 작업으로 자기를 발견하고 다스리기

증상을 추적해 원인이 되는 핵심에 이르는 것과 더불어, 심층심리학에서 특별히 관심을 두는 것은 우리가 '꿈'이라고 부르는 신비스럽고 자율적인 과정이다. 독일의 옛 속담에는 '꿈은 거품이다.'라는 말이 있지만, 자연은 이유 없이 에너지를 소모하지 않는다. 우리가 주의를 기울이든 그렇지 않든 하룻밤에도 몇 번씩 정신은 우리 삶에 일어나는 일에 반응하고, 자아보다 더 큰 관점에서 이에 관한 의견을 극적인 이야기로 만들어낸다. 오랜 시간에 걸쳐 나타나는 이 이야기를 추적하고 그 언어를 익힌다면, 평상시 의식 수준에서는 알 수 없었던 중요한 지혜를 얻게 된다. 이리저리 부대끼는 우리의 자아가 시간을 초월하는 자연의 지혜를 얻을 수 있다는 사실을 알았다면, 이따금 멈춰 서서 주의를 기울이는 것이 합리적이지 않을까?

꿈을 만들어내는 신비로운 원천—시위하는 증상의 원인이기도 하다.—과 시간을 두고 대화를 나누다 보면 외부로 향하던 시선이 깊은 내면에서 권위를 행사하는 대상으로 이동한다. 나보다 나를 더 잘 알고, 내가 안녕을 누리며 더 큰 주인의식을 갖고 살아가도록 이끄는 현자가 있다면, 그에게 조언을 구하는 편이 현명하지 않겠는가? 자아의 의식을 초월하는 자기^{Self}가 그 현자로서 개인적 권위의 장소로 안내한다. 그러므로 우리는 자기와 단절될 때 콤플렉스와 상처에 집착하고, 우리 영혼이 원하는 바가 아닌 외부 문화와 가족에게 받아들인 메시지에 치중하게 된다. 꿈을 들여다보면 내면이 보이고, 다양한 방식으로 외부세계에 적응하던 태도가 바뀌면서 내면의 무언가가 내게 맞는 것을 알고 있다고 믿게 된다. 자신에게 옳은 것을 가려내는 과정을 믿고, 이 대화를 소중히 여기며 과감하게 내면의 권위에 의지한다면, 자신을 찾아 나서는 여정이 회복되어 자기 영혼과 재회할 수 있다.

인생의 전반부는 적응하고 어울리고 역할과 기대를 학습하는

3장 내면 깊은 곳을 들여다보는 심층심리학

데 집중하기 마련이다. 이렇게 필요에 의해 주변 세계와 타협하면 보호와 인정을 받고 불안을 다스리는 데 유익한 듯하다. 하지만 이러한 타협은 시간이 지날수록 자신을 옭아매는 구조, 반사적 반응, 조건화된 순응으로 변질되기도 한다. 결국, 인생 후반부에 가면 개인적 권위를 되찾으려는 마음이 일어난다. 습득한 권위가 아닌 자신만의 권위를 되찾는 것은 평생 해야 할 힘든 일인 반면, 그동안 외부로부터 받은 지침과 각본은 굉장히 강력하고 반복적이다. 그러므로 개인적 권위를 지키려면 순간순간 마음속에서 교통정리를 잘해야 한다. 내가 속한 문화에 기반한 목소리는 어느 것일까? 가족이 전해준 것은 무엇일까? 내 영혼의 목소리는 어느 것일까? 마음속 목소리를 잘 분별했다면 용기를 내어 진실한 목소리의 메시지대로 행동해야 한다. 이렇게 추상적으로 말하면 단순해 보이지만, 실제로는 여간 까다롭지 않다. 익숙지 않은 선택과 그 결과 속으로 발을 내디뎌야 하기 때문이다.

오래된 '권위들'이 그토록 나를 옭아매는 데도 여전히 매력적으로 느껴지는 이유는, 이 권위가 반복을 통해 수시로 강화되었기 때문이다. 그러나 꿈 작업을 거쳐 더 큰 가치를 만난다면 더욱 진실한 삶을 누릴 수 있다. 자기 뜻과 관계없이 운명에 따라 발생한 불가항력의 결과가 아니라, 자신이 선택할 수 있는 다양한 인생 항로를 바라보게 된다. 그 사이에서 균형을 잡는 것이 의식의 몫이며, 이것이 바로 심층심리학이 선사하는 선물이다.

심층심리학의
다양한 수행법

자신의 깊은 내면과 대화를 나누면 삶의 여정에 더 큰 목적과 존엄성과 진중함이 부여된다. 이 대화는 다른 누구도 아닌 내 인생을 살아가도록 도와주는 훈련이다. 자기 영혼을 점검하고, 번잡한 일상과 갖가지 의무 때문에 흐트러지는 주의를 가다듬고, '대체 여기서 무슨 일이 벌어지고 있는 거지?'라고 물어야 한다.

내 친구이자 동료인 매리언 우드먼 Marion Woodman 은 치료에 들어가기 전에 내담자에게 매일 한 시간씩 일기 쓰기에 투자하고, 적극적인 상상을 실행하며, 꿈 작업을 하는 데 동의하겠냐고 묻곤 했다. 매리언에 따르면 "그러고 싶어도 시간이 없어요. 다른 일정을 잘라낼 순 없잖아요."라고 답하는 사람이 많았다고 한다. 매리언은 이 말을 잘 들어주면서도 "치료를 그리 진지하게 생각지는 않으시군요. 자기 영혼의 여정이라는 중대한 문제와 대면하는 것보다 더 중요한 일이 있을까요?"라고 되물었다.

자신의 정신적 삶의 문제를 진지하게 다루려면 아침이든 밤이든 매일 일정 시간을 떼어 놓아야 한다. 이를 위해 다양한 방법을 활용할 수 있다. 그중 일기 쓰기는 중요한 활동인데, 단순히 자리에 앉아 '오늘의 일기, 오늘은…… 일이 있었다.'라는 식으로 써서는 안 된다. 아래와 같은 질문을 던져 보자.

- 오늘 내게 감흥을 준 일은 무엇인가?
- 내게 적잖은 에너지를 쏟게 만든 일은 무엇인가?
- 그 에너지는 어디서 나왔는가?
- 오늘의 경험은 나의 역사에 어떤 영향을 끼쳤는가?
- 그 경험이 발동시킨 다른 문제들이 있는가?

하루를 보내던 중 누군가와 갈등이 빚어져 그 일이 계속 마음에 걸릴 수도 있다. '저 밖에서' 일어난 일이라며 소홀히 여기기 쉽지만, 문제를 조금 더 끌고 가 '내가 살아온 역사의 어디에서 이런 마음이 나온 걸까?'라고 자문할 수도 있다. 어쩌면 그 일의 여파로 누군가에게 영향을 받는 것, 갈등에 대한 두려움, 거대한 타자 앞에서 자신을 지키는 것의 어려움 등이 뒤섞이며 공명을 일으켰음을 발견하게 될지도 모른다. 일기를 통해 아래 질문에 답해 보자.

- 이 일의 자초지종은 무엇인가?
- 어느 지점에서 그 일이 내 역사의 한 부분을 발동시켰는가?
- 이에 관해 내가 알아야 할 것은 무엇인가?
- 성인으로서 내가 가진 역량을 이 문제에 어떻게 동원해야 하는가?

일기 쓰기에 주의를 기울이되 날마다 노트를 펼치기보다는 뭔가 유의미한 일이 벌어졌을 때 이를 기록해 보자. 상담을 받고 운전해서 집에 갈 때 그날 상담에 대한 생각이 가장 잘 정리되었다는 내담자들의 말을 여러 번 들었다. 자기만의 자원이 발동되었기 때문이다. 다음 날 새벽 3시에 눈떴을 때 문득 깨달음을 얻었다는 경우도 있다. 나는 이때 드는 생각에 주목하고 그 내용을 적어 두라고 권한다. 물론 그날그날 느낀 불안 때문에 떠오르는 생각들도 있겠지만, 상담을 통해 발동된 것들을 드러내는 생각들도 많다. 어떤 생각이 왜 떠올랐는지 알아내야 한다.

때에 따라 적극적인 상상 기법을 활용해야 한다. 융은 이를 심오한 방식으로 발전시켰다. 명상이나 지시적 심상요법을 말하는 것이 아니다. 이것들은 기법의 종류가 다르다. 이름이 말해 주듯 '적극적인 상상'이란 이미지를 활성화시키는 일을 말한다. 내가 집 안에 있는 꿈을 꾸었다고 가정해 보자. 그런데 그곳에 누군가 사악한 사람이 있다. 누군가 나를 죽이려 한다거나 적대감을 품고 있다는 생각에 불안한 상태로 잠에서 깼다. 자아의 관점에서 가장 자연스러운 행동은 그 집에서 나온 뒤 꿈을 잊어버리고 무시하는 것이다. 하지만 영혼의 여정에서는 '왜 이런 꿈을 꾸게 되었을까?'라고 생각해 봐야 한다. 꿈은 아무 이유 없이 생기지 않는다. 외계의 힘이 우리 뇌에 꿈을 심어 주는 것도 아니다. 꿈은 우리의 정신이 자신의 치유와 발전을 추구하는 가운데 생겨난 자연스러운 산물이다. 꿈은 우리의 여정을 발전시키려고 정신이 자신을 치유하는 자연스러운 과정에서 생겨난다.

적극적인 상상을 꿈에 적용하려면 휴대전화 벨 소리나 시끄러운 차 소리가 없는 조용한 장소에서 꿈이라는 정신적 공간으로 다시 들어가야 한다. 이는 보통 자아가 몹시 기피하는 일이다. 하지만 꿈은 나의 본성이 만들어낸다. 나의 본성에 등을 돌릴 이유는 없다. 꿈속으로 돌아가 '이 존재, 이 사악한 위협은 무엇일까?'를 생각해 본다. 그 방, 그 공간에 들어가 거기 있는 사람에게 다가가서 "당신은 누구신가요? 왜 여기 있는 거죠?"라고 물어볼 수 있다.

적극적인 상상을 시도하는 처음 몇 번은 아무 일도 일어나지 않는다고 느낄 수도 있다. 여전히 자아가 관습적인 현실 감각에 매달려 있기 때문이다. 도무지 그 방에 있으려 하지 않는다. 이때

'괜찮아, 이건 내가 그냥 꾸며내고 있는 거야.'라며 자신을 타이른다. 나도 이런 반응을 경험해 봤다. 계속 시도하다 보면 주관적인 경험 상태로 더 수월하게 들어가서 상대에게 "여기 온 이유가 무엇인가요? 나한테서 원하는 게 뭐죠?"라고 물을 수 있게 될 것이다.

이렇게 묻다 보면 이 존재와 에너지는 나와 분리된 나의 일부로서 내게 적극적으로 화를 터뜨리거나, 사랑과 치유와 활기를 구하고 있다는 걸 알게 될지도 모른다. 어쩌면 내 주변 환경에 위험 요소가 있어서 주의를 기울여야 한다는 사실을 깨달을 수도 있다.

표면적 현실 감각으로는 '이게 다 무슨 헛소리야? 머릿속에서 만들어내는 이야기에 불과하잖아.'라는 생각이 든다. 기억해야 할 것은 우리의 정신적 삶 대부분이 무의식적이라는 점이다. 이 무의식은 꿈속의 장면이나 행동 패턴과 같은 특정 이미지를 통해 스스로 활성화되거나 표출될 때 비로소 의식의 영역으로 들어온다. 이렇게 그 이미지를 활성화시켰다면, 그 순간 당신은 보이지 않는 것을 보이는 것으로 만든 것이다. 이미지를 활성화시키는 일이 바로 적극적 상상이며, 이로써 이미지를 의식 속에서 다룰 수 있게 된다. 다만 그 이미지를 통제해서는 안 된다. 이는 정신을 다루는 일에 크게 반하는 행위다.

내가 이른바 자각몽 *lucid dreaming* 을 그리 좋아하지 않는 것도 이런 이유에서다. 사람들은 자각몽을 꿀 때 꿈속에 들어가 결말을 바꾼다. 내 생각에 이것은 꿈 작업의 목적을 통째로 망가뜨리는 것이다. '정신이 왜 이런 방식으로 말한 것일까? 내게 말하려는 것이 무엇일까? 내가 배워야 할 점은 무엇일까? 그러려면 내가 어디에서 낮은 자세를 취해야 할까?'라고 물어야 하는데, 자각몽은 자아가 다시 한번 자신의 통치권을 주장하고 나서는 것이니 말이다. 나는 자각몽의 모든 내용이 우리 본성의 지혜를 구하는 것과는 거리가 멀다고 생각한다. 단지 조금 더 미세한 방법으로 자아가 재차 영혼을 통제하려는 시도밖에는 되지 않는다.

일기 작성, 적극적인 상상, 꿈 작업은 주의를 집중하는 방식들이다. 자신을 드러내는 정신에 귀 기울이면서 평범한 자아의 지능을 초월하는 어떤 지능이 존재한다는 것을 깨닫는 일이기도 하다. 우리 본성의 지혜를 대표하는 무언가가 우리와 소통하려고 애쓰고 있다. 이 관념은 일상적 문화 속에서 형성된 지능과는 어긋나지만, 현 시간과 공간보다 더 큰 무언가를 의미한다. 이것은 위험을 무릅쓰고라도 기어이 우리에게 에너지를 쏟으려 한다. 이것이 우리를 통해 자신을 표현하려는 여정을 감히 우리가 어떻게 거절할 수 있단 말인가? 이 여정은 우리를 겸손하게 만들 수도 있고, 그 어떤 외적 성취와 세상의 인정과도 견줄 수 없을 만큼 심오한 개인적 목표와 존엄성을 안겨준다. 나아가 우리가 최대한 솔직하고 진실하게 자신만의 여정을 걸어가고 있다는 내적 확신도 준다. 나는 모든 사람이 이 여정에 초대받았으며 본성적으로 이를 위한 준비가 되어 있다고 믿는다. 나는 심층심리학을 감사히 여기고, 특히 이 여정에서 사용할 몇 가지 도구를 제공한 융의 업적에 감사한다. 내면으로 향하는 여정을 통해 고대인의 지혜가 다시 한번 우리 앞에 나타나는 것을 각자가 발견하리라 믿는다.

문학 작품을 거울삼아 자기를 이해하기

우리는 자신의 역사를 빠짐없이 안고 산다. 시시각각 깨닫지는 못하지만, 현재의 인식에서 꽤 멀어진 옛날 일이 지금도 우리 안에서 활동하면서 익숙한 패턴을 빚어낸다. 인간의 정신은 유추 작업을 하는 컴퓨터와 같다. 새로운 순간에 대처하기 위해 지금까지 축적된 경험 데이터를 재빠르게 찾아보면서 무엇이든 교훈이 될 만한 것을 얻는다. 역사 속의 모든 순간은 고유하며 때때로 과거 경험은 새로운 순간에 적절하게 대처하도록 도와준다. 그렇지 않았다면 순간순간 변하는 삶 속에서 전과는 전혀 다른 순간, 새로운 현실, 새로운 점들을 마주할 때마다 큰 부담을 느꼈을 것이다. 하지만 이처럼 역사를 유추해 활용하는 일을 하다 보면, 덜 적응적이고 덜 의식적이어서 우리 앞에 펼쳐진 새로운 환경에 적절치 않은 반응을 도출할 때도 있다.

대다수 사람은 좋아하는 음식부터 예술적 관심사, 검증되지 않은 신념 체계에 이르기까지 매사에 이렇게 제한적인 선택을 한다. 자신이 그렇게 반응하고 있다는 것을 깨달았다면 아래 질문을 던져 보자.

- 내 안의 어디에서 이 반응이 나왔을까?
- 과거 어떤 때 내가 같은 반응을 보였을까?
- 이 반응은 내 안에서 어떤 목적을 이루려고 하는 걸까?

행동 자체보다 내면이 어떤 목적으로 그 행동을 택했는지가 중요하다. 예를 들어, 파티 초대에 제대로 답을 주지 않고는, 에너지를 아낄 생각이었다며 자신을 합리화할 수 있다. 하지만 실은 두려움 때문에 회피하곤 했던 과거의 태도가 불쑥 나온 것이다.

위와 같은 기본적인 질문에도 오류가 생긴다. 사람들은 수시로 자신을 속이기 때문에 특정 행동, 동기, 패턴이 어떻게 일어났고 그 목적이 무엇인지 굳이 점검하지 않은 채로 손쉽게 합리화하곤 한다. 소시지 제조 과정이나 법 제정에는 까다로운 절차가 포함되어 있듯, 우리 일상의 선택을 좌우하는 근본적 충동과 두려움을 직시하는 일도 그만큼 버겁다. 그럼에도 우리에게는 사안을 심리적으로 이해하고 바라보려는 욕망이 있다. 융은 자기에 대한 조사 분석을 시작한 뒤 이를 지속하는 방법에 관해 몇 가지 현명한 조언을 남겼다.

인간 정신을 알고 싶은 사람은 실험심리학에서 거의 배울 게 없다. 차라리 정확한 과학일랑 포기하고, 학자의 가운을 벗어 던진 채 연구에서 손을 뗀 뒤 인간적인 마음으로 세계 곳곳을 떠도는 것이 나을 것이다. 무시무시한 교도소, 정신병원을 비롯한 각종 병원, 허름한 교외의 선술집, 매음굴과 도박장, 점잖은 사람들이 드나드는 살롱, 증권 거래소, 사회주의자 모임, 교회, 신앙 부흥 운동가 모임과 열광적인 교파 속에 머물며 사랑과 증오를 느껴보고, 자기 몸으로 온갖 감정을 직접 경험하는 것이다. 아마 두껍게 쌓아 올린 책 속에서 얻는 것보다 훨씬 풍부한 지식을 얻고, 인간 영혼이 지닌 진정한 지식으로 병자를 치료하는 방법을 깨우칠 것이다.[1]

우리는 융의 권고를 받아들여 먼지 쌓인 과거의 권위 있는 책들은 접어두고 정직한 삶의 여정을 추구하는 편이 바람직하다. 하지만 시간이 지나도 변치 않는 위대한 예술가들의 초상을 잊어서는 안 된다. 심층심리학은 보이는 세계를 움직이는 보이지 않는 에너지의 움직임을 분별하고 추적하는 학문이다. 단테가 '태양과 별을 움직이는 사랑'을 알아내려고 노력했듯, 우리도 우리 앞에 펼쳐진 태피스트리를 이루는 보이지 않는 씨실과 날실을 찾아 나서야 한다. 개인적으로 나는 사람을 성숙시키는 인생 경험과 대조되는 공교육이 진행되는 한, 정신을 다루는 일을 준비할 때는 문학 작품을 읽는 게 심리학적 이론과 실천을 연구하는 것보다 깊이 있고 훌륭한 경험을 선사한다고 생각해왔다. 대부분 현대 심리학 분야에서 심리학적 이론과 실천을 가르친다는 것을 고려하면 더욱 그렇다. 행동적, 인지적 방법들은 지금까지 밝혀진 것처럼 유용할 때도 있지만, 인간 영혼이 지니는 깊이와 복잡함과 굴곡을 대수롭지 않게 여기기도 한다. 관찰 가능한 것만 탐구 영역으로 삼는다며, 세상을 움직이는 모든 것을 관찰할 수 있다는 망상에 빠질 수도 있다.

나는 진지하고 꾸준하게 문학을 탐구하는 것이 인간 영혼의 깊이를 탐구하기 위한 더 훌륭한 준비라고 생각하며, 아래의 일곱 가지 이유를 그 근거로 든다.

1. 문학에 대한 진지한 탐구는 행동, 패턴, 모티프의 비유적 본질을 '읽어내는' 능력을 강화한다. 행동이 가진 은밀한 목적을 분별하는 것만이 그 행동의 본래 의미를 이해하고 이를 바로잡을 수 있는 길이다.

2. 문학에 대한 진지한 탐구는 비유를 제공하고, 확장을 촉진하며, 더 넓은 관점에서 일상의 문제와 딜레마를 조명하는 자기만의 정신적 백과사전이며 이미지 저장소를 모으는 데 유익하다. 5장에서 살펴보겠지만, 햄릿은 아무리 애를 써도 결말에 가서야 비로소 햄릿이 될 수 있다. 하지만 셰익스피어의 놀라운 상상력 덕분에 우리는 햄릿의 딜레마와 우리의 딜레마에 관해 더 많은 것을 배울 수 있고, 그 뒤로는 햄릿보다 더 자유로운 사람이 되어, 곤경에 빠진 이 엘시노어의 왕자보다 더 넓은 경험의 스펙트럼 안에서 살아갈 수 있다. 햄릿은 작가가 만든 텍스트 안에 갇혀 있지만, 동시에 우리의 상상력을 넓혀 준다. 상상할 수 있는 것은 실제 행동으로 옮길 수 있다.

3. 문학을 진지하게 탐구하면 우리의 행동과 문화적 패턴을 형성하는 집단 무의식의 역할뿐만 아니라 개별 사례, 고유한 이야기, 특수한 딜레마의 원형적 본질을 이해하는 능력이 향상된다. 인간 정신의 깊은 골짜기에서 생성되는 원형

이란 어떤 내용물이 아니라 패턴을 형성하는 원천 에너지다. 우리는 반지르르한 표면을 보면서 지금 보고 있는 개별적 자아 상태가 그보다 큰 에너지의 흐름에 잠겨 있음을 깨닫는다. 우리는 죽음/환생, 지하 세계로 내려감catabasis/높은 곳으로 올라감anabasis, 상승/하강 패턴, 희생양 메커니즘, 햇볕이 내리쬐는 들판 위로 지나가는 어스름한 그림자 같은 것들을 인식한다.

우리는 모두 소멸의 지점을 향해 질주하며 한정된 시간을 살아가는 생명체이지만, 개개인은 시간을 초월한 드라마를 지닌 존재이기도 하다. 우리의 감정, 갈망, 고통은 모두 우리보다 훨씬 앞선 이들이 경험한 것들이며, 이 위태로운 지구에 인류가 계속 살아 있는 한 우리 뒤에 올 사람들도 이를 경험할 것이다. 순식간에 지나가는 덧없는 삶을 살고 있지만, 우리는 각자가 시간을 초월해 우리의 상상보다 더 큰 드라마에 등장하는 배우라는 점을 알고 있다.

4. 문학에 대한 진지한 탐구를 통해 우리는 평범한 자아의식보다 훨씬 더 넓은 범위의 선택지를 탐구하게 된다. 이런 점에서 문학이란 거대한 가능성의 동굴을 탐험하는 광부의 안전모에 달린 불빛 같은 존재라고 할 수 있겠다. 갖가지 숨은 모티프와 곤혹스러운 선택의 결과, 현대인은 점점 더 정

교해지고 있지만 여전히 문학 작품의 등장인물에게서 새로운 태도, 행동, 새로운 행동반경을 배울 수 있다. 종종 사태가 원만히 해결되지 않는 이유를 배우기도 한다.

5. 문학에 대한 진지한 탐구는 인간 조건을 규정하는 요인에 대해 넓이와 깊이를 확장해서 인식하게 한다. 우리는 위대한 문학 작품에서 문화적 혼란과 돌고 도는 시대처럼 동일한 사건들이 우리 삶에 반복되는 이유를 배우게 된다. 다양한 작품을 통해 인간의 어리석음과 지혜에 관한 메시지를 잘 이해하고 나면, 큰일에 부딪혔을 때 놀랄 수는 있어도 충격에 휩싸이지는 않을 것이다. 내담자들이 엄청난 꿈을 꾸고 와서는 "선생님, 제 꿈 이야기를 믿지 못하실 거예요."라고 말해도 나는 그 꿈을 믿어줄 수 있다. 모든 꿈은 꿈꾸는 사람에게는 고유한 것이지만 아마도 나는 전에, 그것도 여러 번 그런 사례를 본 적이 있을 테니 말이다.(수십 년 전 내가 분석 훈련에 들어갈 무렵, 여러 명에게서 완전히 똑같지는 않아도 굉장히 유사한 이미지와 모티프가 나오는 꿈 이야기를 전해 들은 적이 있다. 이들이 공동의 사회적 사건에 반응하고 있었던 것은 아니지만, 뭔가가 정말 무리를 지어 과거 다른 사람들이 걸어갔거나 지금 우리와 함께 걷는 길 위에 존재하는 이미지, 모티프, 과정을 발동시킨다는 것이다.)

6. 문학에 대한 진지한 탐구는 '역사적 사례의 허구성'을 깨닫

게 한다. 허구fiction가 '거짓falsehood'의 동의어는 아니다. 이 단어의 어원인 라틴어 'facere'는 '만들다'라는 뜻이다. 이에 따라 공장factory에서는 물건을 만들고, 직물fabric은 입는 것을 만드는 걸 뜻하게 되었다. 이렇게 만들어진 것들은 우리를 진리로 인도한다. 한 사람의 영혼이 지닌 궁극적 진리는 결코 알아낼 수 없는 영원한 신비. 우리는 표면 위에 드러난 인간의 동기나 저항 또는 지하 저 깊은 곳의 무의식을 결코 완벽하게 알아낼 수 없다.

피카소는 예술을 가리켜 진실을 깨닫게 해 주는 거짓말이라고 표현했다. 벨기에의 초현실주의 화가 르네 마그리트René Magritte는 우리가 보는 것은 파이프 그림이 아니라면서, 화판 위에는 물감이 적절히 배치되어 있을 뿐 '이것은 파이프가 아니다.Ceci n'est pas une pipe.'라는 문구가 눈과 뇌를 속인 것이라고 설명했다. 대상을 있는 그대로 단순하게 받아들이는 자아의 시선은 이 그림을 보고 '이것은 파이프다'라고 말한다. 사실 우리는 대부분 이런 시각으로 세상을 바라본다. 마그리트는 화판 표면에 관해 설명하며 이렇게 정곡을 찌른다. "이것은 파이프가 아니다. 화판에 휘갈겨 놓은 물감이다. 파이프라면 파이프 냄새가 날 텐데 여기서는 기름 냄새가 난다."

모든 사례 기록은 '허구'다. 우리가 보고 있는 것은 그 사람이 아니라 그 사람을 향하는 창문, 틈, 시선의 각도다. 아리스토텔레스도 역사보다 예술이 우리에게 더 많은 것을 말해 준다고 느꼈다. 역사를 냉소적으로 바라봤던 나폴레옹은 역사는 승자가 동의할 만한 내용을 담은 거짓말이라고 보았고, 아리스토텔레스는 사실에 근거해 최대한 정확히 기술된 역사조차도 역사가가 자신의 성격, 심리, 문화적으로 선택된 편견이라는 왜곡된 렌즈로 보는 것이라고 지적했다. 우리의 이해는 실체와는 거리가 먼 또 다른 '허구'라는 것, 어떤 차원은 드러내지만 다른 차원은 감추는 부분적 구성물이라는 것을 깨닫게 되면 우리 각자의 고유한 신비를 존중하게 된다. 우리가 저마다 자신만의 왜곡된 렌즈를 끼고 세상을 바라본다는 것을 깨닫게 될 때 열린 자세로 더 큰 자기 인식의 틀을 받아들일 수 있다.

7. 문학에 대한 진지한 탐구는 상상력의 지평을 넓힌다. 상상력을 뜻한 독일어 'Einbildungskraft'를 문자 그대로 해석하면 '그림을 창조하는 힘'이라는 뜻이다. '교육의 지속'이라고 번역되는 'Fortbildung'은 우리가 활용할 수 있는 그림을 확장하고 강화한다는 의미다. 우리 각자는 자신의 그림 스펙트럼 안에 갇혀 있는 까닭에 세상을 제한적으로 이

해한다. 스펙트럼이 넓을수록 그림의 숫자도 많아지고, 놀라운 인간 정신의 창의적 역동을 이해하는 역량도 풍부해진다. 성 프란치스코부터 사드 후작, 〈메데이아〉에서 사포, 오디세우스, 파우스트, 에마 보바리, 라스콜리니코프, 안나 카레니나에 이르기까지 다양한 문학 작품 속 인물들을 만나다 보면 인간 정신의 범위, 치환, 놀라운 페르소나의 퍼레이드를 엿볼 수 있다. 이 모든 인물이 다양한 인간 영혼의 면면을 드러낸다.

예술가가 지닌 상상력의 힘이 중요하다는 말을 듣고 나면, 문학과 문화의 철학적 전통을 가르치던 내가 심리학으로 뛰어든 연유가 궁금할 것이다. 나는 25년간 인문학에 몰입한 끝에 우리 문화를 형성하는 이미지의 원천을 분별할 필요가 있다는 생각이 들었다. 이처럼 풍부한 원형의 백과사전이 어디서 유래했는지, 이들이 목표로 하는 비가시적인 거대한 드라마는 무엇인지 탐구하고 싶었다. 이 생각이 내 인생 후반부를 사로잡았는데, 전반부에 쌓은 인문학적 토대가 없었다면 심층심리학의 힘도, 보이지 않는 에너지를 추적할 도구도 발견하지 못했을 것이다. 다음 장에서 심층심리학을 조금 더 들여다보고 5장에서 다시 문학 이야기를 해 보자.

4장

◆

심층심리학의 세 가지 기본 원칙

모든 변화에 요구되는 선제 조건은

'한 세계의 종말', 즉 낡은 인생관의 붕괴다.

- 칼 융C. G. Jung

40년간 정신병원과 사립기관 양쪽에서 일해 보니 눈에 보이는 우리 인생사 이면에서 벌어지는 일에 관한 나름의 결론을 얻게 되었다. 조금은 난해해 보이는 심층심리학의 세 가지 원칙을 제시하고, 이를 사례와 함께 하나하나 설명하면 내 결론이 더 잘 전달될 것이다.

첫째, 눈에 보이는 것이 중요한 게 아니다.

둘째, 보이는 것은 보이지 않는 것에 대한 보상이다.

셋째, 모든 것은 은유다.

'도대체 이게 다 무슨 말일까?' 하는 의문이 들었다면 이제 하나씩 설명을 보자.

첫째, 눈에 보이는 것이 중요한 게 아니다

그러면 뭐가 중요하다는 말인가? 이 모호한 표현은 우리를 더 깊은 차원으로 이끈다. 현대의 여러 심리학 분야와 자기 계발서들은 문제를 다룰 때 증상의 발현 시기와 증상이 끈질기게 치료에 저항하는 이유를 묻지 않는다.

대다수 증상은 우리의 보호 기제가 낳은 불안이 우리를 휘두르는 방식을 보여 준다. 다시 말해 증상은 불안에서 자신을 보호하려고 애쓰는 과정에서 생겨나므로 여기에는 그만한 이유가 있다는 것이다. 하지만 보호 기제로 우리는 자신의 자연스러운 존재와 멀어지고 그 여파를 겪는다. 예를 들어, 많은 사람이 불안의 원인을 정면으로 맞닥뜨리기보다는 문제를 미뤄두고 꾸물대곤 하는데, 잘 알다시피 이런 전략은 또 다른 문제를 만들어낸다.

몇 년 전 뉴저지치과협회에서 만든 대형 홍보 게시물에는 "치아에 소홀하면 언젠가 다 없어지고 말 겁니다!"라고 쓰여 있었다. 마찬가지로, 자신의 문제에 소홀하고 그 문제가 요구하는 일을 외면하면 언젠가 문제들이 다 사라질까? 우리 모두가 그 답을 알고 있다. 문제를 미루면 그에 따른 여파가 쌓이고 쌓여, 애초에 가졌던 딜레마보다 증상 치료가 더 큰 문제로 다가온다.

꾸물대는 버릇이 해로운 결과를 초래한다는 점을 생각하면 분명 행동 교정과 인지 치료가 유용해 보인다. 그런데 눈에 보이는 것이 중요한 것이 아닐 때는 어떻게 해야 할까? 표면 아래의 불안이 끈질기게 버티면서 또 다른 경로로 모습을 드러낼 땐 어떻게 해야 할까? 불안을 가라앉히려고 약물을 복용하면 잠시나마 스트레스가 가라앉는 것 같지만 때로는 전보다 문제가 깊어지기도 한다. 그동안 내가 만난 많은 환자는 항우울제가 우울증을 없애 주지는 않는다면서도 덕분에 우울증 자체에 대한 걱정은 줄었다고 했다. 걱정을 덜 하는 것이 늘 걱정에 사로잡히는 것보다 낫기는 하겠지만, 이로 인한 여파는 계속 쌓여갈 뿐이다. 때로 우리는 어느 정도 상처가 커진 뒤에야 견디다 못해 팔을 걷어붙이고 문제 해결에 나선다.

고착 장소 직시하기

오랜 기간 다양한 주제로 워크숍을 열면서, 나는 사람들에게 자기 삶의 '고착 장소 stuck place'를 생각해 보라고 요청했다. 그때마다

4대륙에 거주하는 그 누구도 '고착 장소'가 무엇인지 묻지 않았고, 다들 주저함 없이 자신의 이야기를 글로 쓰거나 발표했다. 고착 장소는 '눈에 보이는 것이 중요한 것이 아니다'라는 수수께끼의 좋은 예다.

사람들은 자신의 고착 장소를 금세 알아차린다. 또, '고착'이라는 단어는 뭔가 부정적인 뜻을 내포함을 알면서도 여기서 빠져나와 새로운 길로 나아가기를 어려워한다. 삶의 다양한 영역에서 우리 모두 겪는 문제를 예로 들어보자.

때때로 우리가 발견하는 고착 장소—특정 문제, 행동, 회피—는 우리의 양심을 괴롭히고 해로운 여파를 가중시키는 것들이다. 체중 감량, 절주, 운동에 실패하는 경우가 대표적이다. 다들 처음에는 꼭 목표를 달성하겠다는 의지로 열심히 노력한다. 실행력을 끌어내는 데는 의지만 한 것도 없다. 놀라운 발전과 눈부신 성과를 이루는 것도 의지 덕분이다. 하지만 잘 알다시피 왕성했던 의지가 시들해져 꺾일 때면 다시 오래된 문제가 나타난다.

무엇이 잘못된 걸까? 이럴 때는 어떻게 해야 할까?

이 페이지 맨 위에서 5분의 1가량 내려온 지점에 수평선이 그어져 있다고 상상해 보자. 선 위로는 의식적인 삶의 영역으로서 내가 생각하는 나, 지금 하는 일의 대상과 목적에 대한 내 생각이 자리한다. 수평선 아래는 거대한 무의식의 바다로서 이곳은 무

4장 심층심리학의 세 가지 기본 원칙

의식의 영역인 만큼 우리가 말할 수 있는 것이 거의 없다. 무의식이 그곳에 존재해 일상생활에 지대한 영향을 미친다고 직감하는 것은, 예기치 않은 여파가 계속 나타나 때로는 자신의 좋은 의도와 정반대되는 결과를 낳기 때문이다.

의식과 무의식이 만나는 지점은 뚜렷한 경계가 없는 불안한 영역이다. 자연히 양측의 게릴라가 경계를 넘어 방심하고 있는 상대를 급습할 경우 두 세력 간에 불화가 생기기도 한다. 두 대극 세력이 부딪히는 지점은 특별한 증상, 곤혹스러운 행동, 약물 복용의 형태로 의식적인 삶 속에 나타난다. 두 세력의 사소한 다툼을 해결하지 않으려는 저항은 분명하게 드러나 개인에게 문제가 된다. 내가 만났던 한 내담자는 자신이 속한 알코올 의존자 자조 모임Alcoholics Anonymous, AA에서 이런 말이 나왔다는 이야기를 들려주었다.

고착 상태를 유지하면서 이로 인한 여파를 겪는 이유는 분명 고착 상태에서 얻는 것이 있기 때문이다. 하지만 어쩌면 그것은 자기 생각일 뿐, 그 여파를 직시하면 생각이 달라질지도 모른다. 도대체 이 문제를 어떻게 풀어야 할까? 풀리기는 할까?

고착 지점에 머물러 있는 것은 우리의 자아의식이 얄팍한 핑계에 주의를 빼앗기거나 위안을 얻고, 허술한 전략에 쉽게 넘어가기 때문이다. 고

"나에게 좋지 않다는 걸 알면서도 너무 잘 빠집니다."

착 상태는 이렇게 유지된다. 이 딜레마를 해결할 방법은 문제를 '관통하는' 것뿐이다. 우리의 보호 기제는 이를 피하려고 부단히 애쓴다. 결국, 모든 문제는 하나의 질문으로 귀결된다.

이 고착 상태를 통해 회피하려는 불안은 무엇일까? 예를 들어, 자신의 의견을 좀 더 강력하고 직접적으로 말하고 싶다고 해 보자. 패기 없이 타인의 의견에 동조하고, 그럴 때마다 기회를 놓치는 것 같아 자신에게 화가 날 수도 있다. 당당하게 말을 꺼내고 치열한 논쟁 속에 발을 내딛으려면, 받아들이기 힘들겠지만 태고의 불안이 왈칵 터져 나오는 것을 겪어야만 한다. 내가 태고 archaic라고 말한 이유는 불안이 모든 아이가 경험하는 생애 초기의 불안에서 나오기 때문이다. 어린아이일 때 우리는 거인들에게 둘러싸인다. 눈앞에 벌어지는 일에 대한 기본 지식도 없으며, 두려움에 휩싸여 타인의 보호를 구하며 완전히 의존적인 존재로 살아간다. 수십 년이 지난 지금은 비유하자면 일종의 조절 장치가 있어서 임박한 위험에서 우리를 보호하는 동시에 자신의 가치와 정당한 의제에서 멀어지게 만든다.

또 다른 예로 식사량을 줄이고 싶은 경우를 생각해 보자. 인간에게 음식은 음식 그 이상이다. 기본적으로 음식은 인생 여정의 다음 단계를 준비하는 탱크에 연료를 제공하는 역할을 하지만, 인간은 음식에 이보다 더 큰 의미를 부여하곤 한다. 음식은

4장 심층심리학의 세 가지 기본 원칙

물질이지만 이 물질 속에는 우리의 신체와 정신을 살찌우는 보이지 않는 원료가 담겨 있다. 물론 물질matter은 라틴어로 '어머니Mather'를 뜻하는 마테르Mater 즉 자양분의 근원을 의미하며, 이것이 없으면 우리는 죽고 만다. 자연스럽게 음식은 에너지가 많이 투여되는 대상이다. 하지만 위안과 항상성을 안겨 주는 친숙한 대상은 확신과 보상을 안겨 주기도 한다. 칼로리 과다, 동맥 경화, 음식에서 얻는 정서적 만족이 떨어졌을 때 느끼는 불쾌감이 아니라면 음식은 신비 그리고 형언할 수 없는 압도적인 돌봄의 매개체일 것이다. 당연히 이런 대상을 '거부'한다는 것은 위험하다고 느껴지므로 우리는 결국 음식과의 관계에 고착된다.

지난 수십 년간 여러 사람이 내게 "'저것'을 얻기까지는 '이것'을 포기하지 않을 거예요."라고 말했다. 충분히 이해할 만한 감정이지만 여기서 우리는 고착 상태를 확인할 수 있다. '이 고착 상태를 통해 회피하려는 불안은 무엇일까?'라는 질문은 여전히 남아 있다. 여기서 불쑥 또 다른 질문이 나온다. 불안은 형체 없이 둥둥 떠다니며 때로는 파악하기도 어렵지만, 마치 안개처럼 우리 앞길을 가로막을 수 있다. 그렇다면 이렇게 물어야 할 것이다.

나를 마비시키는 이 불안 뒤에 숨어 있는 두려움은 무엇일까? 불안은 직면하기 어렵지만, 두려움은 구체적이기 때문에 직면할 수 있다. 대개 고착에서 놓이면 두려움이 일어나지 않는다. 하지만 간혹 두려움을 느끼더라도 이제 통찰력과 회복탄력성을 갖춘 성인이니 충분히 이를 직시할 수 있다. 어린아이에게 버거워 보였던 것도 성인이라면 충분히 감당할 수 있으니 말이다. 여기까지 생각해보면, 자신의 저항적 행동은 '나는 받아들일 수 없는 불안을 피하려고 이렇게 행동하는 거야. 이 행동 때문에 다른 문제가 점점 쌓이는 거고.'라는 전제에 따라 '논리적'으로 나타난다는 점을 알 수 있다.

자기 패배적 행동에 맞서 사태를 진전시키려면 '고착 장소'가 드러내는 진짜 문제가 무엇인지 낱낱이 조사하려는 진정한 노력을 기울여야 한다. 즉 고착 상태가 불안을 피하는 데 어떤 도움을 주는지, 어떻게 하면 이 문제를 제대로 해결할 수 있을지 알아내야 한다.

우리의 안녕을 심각하게 위협하는 모든 불안은 '짓눌림 overwhelmment'과 '버림받음 abandonment'이라는 양대 범주로 분류할 수 있다. 인간은 일찌감치 세상은 크고 자신은 그렇지 않다는 사실을 배운다. '저 밖에' 존재하는 수많은 세력 앞에 나는 무력한 존재임을 알게 된다. 모든 사람은 이 근본적인 짓눌림의 메시지를 계속 학습하다가 결국 자신이 본능의 지침과 점점 자라나는 회복탄력성 그리고 압도적인 세력에 대항하도록 도와주는 적응력을 지니고 태어났다는 사실을 외면한다.

버림받음도 무시하지 못할 강력한 위협이다. 어떤 형태로든 보호자의 돌봄이 없다면 우리는 살아남을 수 없다. 상황이 여의치 않을 때-사회경제적 박탈이나 성별, 인종, 성적 지향 같은 개인의 곤혹스러운 숙명이 앞을 가로막는 경우-아이들은 이런 상황이 곧 자기 가치를 대변한다고 해석한다. 어린아이는 세상을 '읽음'으로써 다음 질문에 답한다.

당신은 누구인가? 나는 누구인가? 우리는 어떻게 관계되는가? 삶을 믿어도 좋은가? 나는 내 모습 그대로 인정할 만한가? 나를 뭔가 다른 모습으로 이리저리 비틀어야만 당신의 사랑을 받을 수 있는가?

새로운 것을 배우기 전까지 우리를 규정하는 것은 우리에게 숙명으로 주어진 불충분한 세상이다. 나의 어머니는 궁핍한 가정에 태어나 생활기록부마다 '가난한 계층'란에 체크되었는데 어머니는 그 말이 무슨 뜻인지 몰랐다. 어머니는 평생 자신이 아무것도 누릴 자격이 없다고 느끼며 사셨다. 나는 어린아이였는데도 나의 성취로 어머니가 자신을 조금이나마 긍정적으로 느끼게끔 해 드리고 싶었다. 안타깝게도 내가 이렇다 할 성취를 이룬 시점에서는 그 메시지가 너무 깊이 뿌리박힌 탓에 다른 사람이 이룬 성과로는 어머니가 느끼는 핵심적인 무가치함을 떨쳐내지 못했다.

'고착 장소'에 대한 조사 분석 시에는 이런 생각을 해 봐야 한다. 내가 고착을 중단한다면 어떤 불안이 생겨날까? 나를 압도하는 무언가를 직면하고 세상에 뛰어들어 이에 맞서야 할까? 혹은 인생이라는 기묘한 무대 위에 있는 내가 본모습으로 등장하기 위해 낮은 자존감이라는 불안한 널빤지 위를 뚜벅뚜벅 걸어가야 할까?

만약, 정말 만약에 자신이 무엇을 직면해야 할지 알게 되면 전혀 겁낼 필요가 없다는 것을 깨닫게 된다. 어린아이는 버겁다고 느낄 테지만 성인이라면 충분히 감당할 수 있다. 두려운 대상이 내 앞을 지나간다 해도 성인인 나는 이를 충분히 이겨내 당당히 버틸 수 있다고 생각할 것이다. 커다란 파도가 나를 덮치겠지만 언젠가는 물결이 잔잔해져서 안정을 되찾을 것이다.

두려움을 하나하나 점검해 보면 굉장히 원시적인 메시지를 발견하게 된다. '내가 이렇게 행동하면, 이렇게 느끼면, 이렇게 표현하면 당신은 나를 처벌할 것이다'라든가 '당신의 인정과 애정을 잃는다면 나는 살 수 없을 것이다'라는 식이다. 정작 이러한 두려움이 현실로 나타나는 경우는 극히 드물다. 이는 유년기에 느낀 태고의 불안과 자신을 방어하지 못했던 과거의 끔찍했던 장면이 모습을 달리해 나타난 것뿐이다. 설령 두려워하는 일이 실제로 벌어진다고 해도, 이제 성인이 되었으니 그런 상황을 충분히 감당할 만큼 단단한 기반을 갖추지 않았을까? 무엇보다도, 성장하고 발전하길 원할 때 정체와 고착을 고수하면 어떤 대가를 치르게 될지를 생각해 보라. 나를 갉아먹는 두려움과 결탁할 때 내 영혼은 어떤 배신을 겪을까? 나아가 제대로 살지 못한 삶에 대한 대가를 자신 외에 누가-자녀, 파트너, 동료, 사회-지불할 것인가? 타인을 위한 최선의 길은 자신의 가장 훌륭하고 진정한 자기를 발현해 그들과 어울리는 것이라는 사실을 깨달아야 하지 않겠는가?

중독이라는 안전한 항구

'보이는 것이 중요한 것이 아니다'라는 개념을 자세히 들여다보면 우리 사회에 만연한 중독에도 적용되는 원칙을 확인할 수 있다. 우리는 불안이 위세를 떨치고 중독이 사람을 뒤흔드는 사회속에 살아가고 있다. 우리 모두가 중독적인 행동을 하고 있으며, 이를 부인할수록 중독은 우리 영혼에 단단히 들어와 우리를 장악한다.

중독addiction은 나쁜 이미지를 갖게 되었다. 왼쪽 차선으로 갑자기 방향을 바꾸는 차량, 길바닥에 누워 있는 사람, 산산이 조각난 인생과 같은 추한 이미지를 연상시킨다. 하지만 사실 중독 행위를 안 하는 사람은 없다. 모든 중독의 두 가지 공통 요소를 생각해 본다면 이 말에 동의할 것이다. 우선 중독은 반사적인 불안 관리 기제다. 이 표현은 단어 하나하나가 중요하다.

불안 없이 사는 사람은 없기에 모든 사람에게는 불안에 대처하는 자기만의 반사적 수단이 있다. 이런 우려가 되는 행동을 스스로 의식할 수도 있고, 그렇지 않을 수도 있다. 한 예로, 오래전에 나는 환자들이 상담실에서 자유롭게 담배를 피우도록 허용했다. 이미 살면서 스트레스가 많을 텐데 나까지 스트레스를 얹어줄 필요는 없다고 생각한 것이다. 한 번은 둘 다 줄담배를 피우는 커플이 와서는 상담하는 한 시간 내내 각각 여섯 개비를 피워 총 열두 개비를 태웠다. 두 사람을 보면서 내가 직접 세어 봤다. 그 방에서 담배 연기와 냄새가 빠지는 데 며칠이 걸렸다. 그날 이후로 나는 정책을 바꿨다. 놀라운 것은 누군가 그 커플에게 "상담받을 때 담배를 피웠나요?"라고 물었다면, 둘 다 "네, 한 대 피웠죠."라고 답했을 거라는 점이다. 다시 말해 두 사람은 흡연이라는 불안 관리 기제에 너무 익숙해진 나머지 이 점을 생각지도 못했고, 이 기제가 자기 삶에서 얼마나 체계적으로 작동하는지도 알지 못했다.

지금부터 자신이 반사적으로 불안을 '관리'하는 방법이 무엇

　　　　　　　　　4장 심층심리학의 세 가지 기본 원칙

인지, 또는 불안에 의해 자신이 어떻게 반복적으로 관리되고 있는지 한번 생각해 보자. 중독 패턴의 내적 논리는 용인할 수 없을 만큼 큰 고통을 뭔가 '다른 것'과 소통함으로써 잠시나마 누그러뜨린다는 것이다. 가령 이 문단을 읽는 동안 방 안에 서서히 물이 차오르고 있다고 하자. 하지만 책 내용에 깊이 빠져들면 방 안에서 벌어지는 사건을 알아채지 못할 수도 있다. 하지만 정신은 이를 인식하고 방해가 되는 요소를 해결하려고 애쓴다. 실험과 시도를 통해 잠시나마 수위를 낮춰줄 행동을 찾는 것이다. 나아가 향후 같은 일이 벌어지면 의식하든 안 하든 이전 행동을 반복할 확률이 높다. 반사적인 관리 기제를 사용해 일시적으로 고통을 멈춘 경험, 이것이 중독을 일으킨다.

'다른 것'과 소통하는 목적은 실존적 고립, 취약성, 의존성 때문에 일어나는 고통을 낮추기 위함이다. 많은 사람이 찾는 '다른 것'은 음식, 알코올, 구매할 수 있는 물질적 대상, 다른 사람의 따뜻한 온기 등 일종의 물질이다. 어떤 사람들은 전자기기, 인터넷, 이데올로기, 강박적인 운동, 기도, 진언mantra 등과 '소통하며' 주의를 환기한다. 대다수 사람이 흔히 가지고 있는 또 다른 중독 패턴은 일상 속에 깊이 뿌리박고 있어 이것이 심리적으로 어떤 도움을 주는지 거의 깨닫지 못할 정도인데, 이것은 바로 루틴routine 이다. 루틴을 만드는 이유는 불확실한 생활에 익숙함을 부여하기 위해서다. 혼잡한 출퇴근 시간에 교통체증이 일어나거나, 기다리던 서류가 늦게 도착하거나, 촘촘하게 짜놓은 일정이 틀어질 때 얼마나 언짢은지 한번 생각해 보라. 이런 사소한 자극도 큰 고통을 일으키며 불안을 만들어낸다.

중독의 두 번째 요소는 의식적인 일상생활에 끊임없이 원치 않는 관념들이 침범한다는 사실이다. 이 '관념들'은 대체로 무의식적이며 우리 안에 불안을 일으키는 힘을 지니고 있다. 가령 음식에 매달리는 사람들은 '이 대상물, 이 위로를 손에 넣지 않는다면 어두운 여정을 지날 때 누가 날 지켜주겠어?'라는 강력하고 위협적인 관념에 사로잡힌 것이다. 의식적으로 살펴보면 이는 물질에 감정을 투사한 괴상하고 허무맹랑한 일이지만, 무의식이라는 상징 세계에서 우리의 정신은 우리가 늘 허우적대는 불안에서 멀리 떨어져 있으려고 자양분과 보호를 내포하는 외부 대상에 착 달라붙는다.

이런 이야기는 전혀 새로운 내용이 아니다. 중독은 인류의 역사만큼이나 오래되었다. 신경증을 안고 있는 현대인을 여실히 표현한 예는 셰익스피어 작품에서 찾아볼 수 있다. 인간이라는 이유로, 4세기 전 햄릿 형제가 말했듯 '육체가 받는 모든 고통'[1]에 무릎을 꿇었다는 이유로 사람을 판단하거나 비난하는 일만은 하지 말아야 한다. 햄릿은 악몽에 시달리지만 않는다면 비록 호두

껍데기 속에 갇혀 있어도 스스로 무한한 천지의 왕이라고 자처할 수 있는 사람이었다. 또한, 그는 우리 모두가 가진 '햄릿 콤플렉스'를 보여 주기도 한다. 햄릿 콤플렉스란 중독을 포기하는 것처럼 반드시 해야 할 일이 있음에도 뜻 모를 이유로 이를 포기하지 않거나 포기할 수 없는 경우를 말한다.

매년 새해가 되면 올해만큼은 익숙한 자신의 문제를 꼭 극복하겠다며 당차게 나서 보지만 결국 해결하지 못할 때가 많다.

우리의 관리 기제는 자율성 상실에 대한 두려움, 앞으로 살아갈 날들에 대한 두려움, 버림받을 것에 대한 두려움 등 우리의 핵심적 불안을 둘둘 감싸고 있다. 중독을 바로잡고 싶다면 결국 우리의 정신, 즉 중독 전략이 추구하는 원치 않는 관념을 상대해야 한다. 자신과 주변 사람에게 부끄러운 결과를 안겨주는 것은 관리 기제이지, 관념 자체가 수치스러운 것은 아니다.

중독 패턴을 깨뜨리기가 그토록 힘든 이유 중 하나는 반사 행동을 낳은 '관념' 대신 그 행동만 상대하기 때문이다.

모든 중독에 대한 일반적 대처 방법은 단호한 의지를 보이는 것이다. 단호한 의지는 분명 훌륭한 자산이다. 이런 의지 없이 인생에서 뭔가를 성취할 사람은 거의 없다. 하지만 여기저기서 나타나 중독 행위를 일으키는 침투적 관념의 깊이와 에너지는 단호한 의지를 수시로 무너뜨린다. 대다수 사람이 충분히 오랜 기간에 걸쳐 식습관을 바꾸지 못하는 것도 긴급한 내면의 요구에 의지가 굴복하기 때문이다. 뭔가를 시작해야 할 바로 그때 행동에 나서지 못하는 것도, 자신과 타인에게 해롭다고 입증된 행동을 멈추지 못하는 것도 같은 이유에서다. 단호한 의지 덕분에 어느 정도 진척을 이룰 수는 있다. 덕분에 다이어트 센터나 각종 최신 다이어트 사이트 운영자가 높은 수익을 올리고, 곳곳에 12단계(Twelve Step, 중독이나 강박 등의 문제를 극복하도록 돕는 지침 원칙-옮긴이) 실천 모임이 있는 것이다. (나는 개인적으로 12단계 프로그램을 열렬히 지지한다. 이 프로그램은 지난 80여 년간 나온 어떤 대안보다 효과적이라고 밝혀졌다.)

정말 중독을 극복하려면 이미 느껴왔던 것을 더 의식적으로 느끼고, 도저히 견딜 수 없는 것을 견디며, 반사적인 관리 기제 없이 이를 겪어내야 한다. 원치 않는 관념들은 인간의 공통 조건을 이루는 친밀한 일부이므로 완전히 '해결할' 수는 없다. 위태로운 상태로 태어나 죽음으로 마무리하는 것이 인생이니 이대로 살아가야 한다. 그럼에도 남아 있는 질문이 있다. 도대체 이런 두려움이 어느 정도나 우리 삶을 좌우하고, 우리의 관리 기제는 얼마나 우리를 쥐고 흔들며, 이로 인해 나타나는 곤혹스러운 여파는 무엇일까?

핵심적인 두려움과 불안을 의식 수준으로 끌어올려 진짜 문

4장 심층심리학의 세 가지 기본 원칙

제를 확인할 수 있는 사람은 얼마나 될까? 우리 나름대로 마련한 대처 방법을 쓰지 않고도 그런 두려움을 견뎌낼 수 있는 사람은 또 얼마나 될까?

중독은 우리 삶에 해로운 여파를 일으킬 뿐만 아니라 강박을 해결하려고 동원하는 집착적인 대처 방법에 골몰하게 만든 나머지 삶을 편협하게 만든다. '원치 않는 관념들'은 일종의 집착으로서 우리에게 들러붙어 고통을 일으킨다. 또한 이런 관념은 강박을 일으켜 그 관념을 개선하게 해줄 행동에 계속 이끌리게 만든다. 그렇게 우리의 생각, 행동, 생활이 이런 침투적 관념 주변에만 머무르는 까닭에 결국 삶이 편협해지고 만다. 융 학파 분석가인 매리언 우드먼에 따르면 "강박은 완전히 삶이 없어질 때까지 삶을 축소시킨다. 존재하긴 하지만 삶은 없는 것이다."[2]라고 한다.

그리스 신화에 나오는 익시온은 지하세계에서 끊임없이 회전하는 수레바퀴에 묶여 있다. 중독은 각 사람이 자신만의 지하세계로 들어가 같은 경험을 되풀이하게 만든다. 《실낙원Paradise Lost》에서 "어디로 피하든 그곳이 지옥이다! 나 자신이 지옥이다!"라고 했던 사탄의 말이 떠오르는 대목이다.[3] 그레고리 베이트슨Gregory Bateson이 관찰한 대로 음주에 집착하는 사람들은 자신이 '혼령'을 상대할 수 있다고 믿는다. 하지만 경기가 시작되면 '혼령'이 이기는 경우가 더 많아 음주자는 애초 자신이 이겨보겠다던 상대에게 손발이 묶이고 만다.

이 같은 은밀한 영적 욕망, 현실을 초월하는 '소통'에 대한 필요성, '취하고 싶은' 욕망은 칼 융과 AA를 창설한 빌 W.가 주고받은 편지에도 등장한다. 융은 빌에게 12단계 프로그램이 우리의 영적 허기와 갈망이 가진 심오한 역할을 간파했다고 썼다. 정당하고 불가피한 모티프와 자신이 이를 투사해 집착하고 있는 대상을 구분하지 못한다면, 그 사람은 영영 그 마법에서 헤어 나오지 못할 것이다.

중독 행동에서 벗어나려면 그 행동을 통해 철저히 방어하고 있는 자신의 정서적 실체와 인식을 규명하고, 견디기 어렵더라도 인식된 것을 감당할 위험을 감수해야 한다. 두려움을 방어하지 않고 통과해 가는 것만이 익시온의 수레바퀴를 멈추는 길이다. 버림받는 것을 두려워하거나, 무료함이나 우울증에 빠지는 것은 수치스러운 일이 아니다. 이런 것들을 느끼기-마비시키지 않고 있는 그대로- 전까지는 삶을 변화시킬 동력이 생기지 않는다.

베일을 걷어 중독의 순환을 야기하는 구조를 해체하고, 중독 행동으로도 해결되지 않는 원시적 옛 관념을 규명해야 한다. 자유로운 개인이자 성인인 우리는 견디지 못할 것을 견디고, 생각지 못할 것을 생각하며, 참을 수 없는 것을 참아내고 자유를 누릴 수 있다.

보이는 것이 중요한 것이 아닐 때, 진짜 문제를 알아차리는 비결은 수면 아래 흐르고 있는 불안을 추적하는 것이다. 너무 간단히 표현한 것 같지만, 실제로 우리 행동의 대부분은 불안이 동기가 된다. 이를 깨닫고 나면 우리 삶에서 요란하게 자기 권리를 주장하는 불안을 합리화하지 않고 이를 추적해 근원을 찾을 수 있다. 또, 불안이 만들어내는 기제 때문에 신경이 과민해지고 스스로 자신의 적이 되지는 않는다.

위태로운 우리 인생 곳곳에는 위험한 것들이 도사린다. '신경증neurosis'이라고 불리는 내적 분열은 나의 본성이 이 세상에 적합한 방식으로 자신을 드러내려 할 때, 이에 반기를 들고 다른 대처법과 관리 기제를 꾸리면서 일어난다. 회피, 순응, 과잉 통제, 중독, 주의 산만, 무감각 등 갖가지 방식으로 나름 대처해 보지만 이는 모두 자기패배적인 탓에 자신과 불화하게 된다. 이러한 내적 불화는 통찰, 용기, 끈기가 있어야만 극복할 수 있다. 때로 통찰을 얻는 것은 그리 어렵지 않다. 반면 용기를 얻기란 꽤 어렵다. 나를 보호해 주는 대처법을 포기한다는 것은 내 삶과 긴밀히 조율한 끝에 만들어낸 연결고리를 위협하는 일이다. 마지막으로 끈기는 인격이 맡는 기능이다. 한눈 팔지 않고 불안한 상황을 겪으면서 길에서 이탈하면 다시 돌아오겠다는 의지, 결의, 절제력이 있는가 하는 것이다. 보이는 것이 중요한 것이 아닐 때, 중대한 첫걸음은 진짜 문제를 알아차리는 것이다. 그러지 않으면 고착 상태에 머물러 계속 자신과 화합하지 못한다.

여기까지 읽고 나면 중독을 수치스럽게 여겼던 시각을 바꾸어 중독은 진짜 불안에 반응하는 합리적 대처법이라는 사실을 깨달았을 것이다. 하지만 각오를 다져야 한다는 부담을 자아에 몽땅 얹을 때 알아야 할 것이 있다. 그 중독이 어떤 목적으로 무엇에서 자신을 보호하고 있는 것인지 캐물어야 한다. 방어기제를 작동시키지 않을 때 어떤 어려움이 생길지 생각해 보면 중독 행동을 지속시키는 불안의 놀라운 힘을 알아차리게 된다. 여기서 발견한 것을 직시할 수 있다면 전보다 거대한 여정에 발을 내디뎌 마침내 보이는 것이 중요한 것이 아니라는 사실을 이해하게 될 것이다.

둘째, 보이는 것은 보이지 않는 것에 대한 보상이다

마음, 신체, 혼, 영혼과 구별되는 인간의 정신은 일종의 자기조절 체계다. 이 순간 나의 부교감 신경계를 다스리는 것은 내가 아니라 내 안의 어떤 힘이다. 우리는 이 놀라운 자기조절 체계를 쉽게 잊고 당연시하며 함부로 대한다. 우리 안에 있는 무언가는 우리에게 무엇이 옳은지 늘 알고 있으며, 의지와 본성의 일치점을 찾고자 필요한 조치를 이행한다. 외부세계의 부담과 침입으로 우리가 압박을 받거나, 우리의 행동과 대처 방법이 저항할 때도 마찬가지다. 또한 정신은 보상에도 신경을 쓴다. 우리는 일상생활에서 각자의 콤플렉스에 따라 이리저리로 움직이는데, 이때 또 다른 에너지가 우리를 원래 자리, 중심 체계로 돌아오게 만들려고 애쓴다.

보이는 것은 보이지 않는 것에 대한 보상이라는 원칙을 잘게 나누어 살펴보자. 보이는 것은 '대처 방법'이다. 보이지 않는 것은 모든 선택을 좌우하는 근본적인 힘이다. 즉 불안을 일으키는 짓눌림과 버림받음이라는 두 가지 요소의 일차적 위협이다. 이 원리는 대인관계에서 잘 드러난다. 우리는 타인과의 관계를 매우 중요하게 생각한다. 이렇게 관계에 큰 가치를 부여함에도 많은 관계가 어긋나고 실망, 비탄, 분노 속에 끝을 맞이한다. 그러면서도 사람들은 더 좋은 사람, 더 좋은 관계가 자신을 기다리고 있다고 생각하곤 한다. 그 약속의 땅에는 언제쯤 도달할 수 있을까?

좋은 결과를 맺지 못한 관계를 놓고 남을 탓하기란 매우 쉽지만, 나의 인간관계에서 벌어지는 일에는 나도 일정 부분 책

지혜를 얻으려면 명백한 사실부터 깨우쳐야 한다. 끊임없이 펼쳐지는 심리극의 모든 장면에 등장하는 사람은 자신뿐이다.

임이 있다는 불편한 사실을 받아들여야 한다. 앞서 말한 사탄의 탄식을 살짝 바꿔서 표현한다면 "어디로 도망치든 내가 있다." 대인관계에서 겪는 어려움을 이해하려면 짓눌림과 버림받음을 대하는 자신의 전략을 살펴봐야 한다. 향후 인간관계에 대한 틀과 패러다임은 내가 노출된 대인관계를 통해 세상을 처음 '읽는' 과정에서 생길 때가 많다. 그러다 보니 지금은 벗어났다고 생각하는 이전 관계가 계속 내게 영향을 미친다.

연인들이 식상해진 접근 방식과 회피로 관계에 임하는 모습을 본 적이 있을 것이다. 한 사람은 일찍이 누군가 자신을 간섭하고 침해하는 관계를 경험한 까닭에 거리를 두고 겹겹이 자신을 보호하는 대처 기제를 길렀다. 반면, 상대방은 과거에 충분한 확신과 애정을 받지 못한 탓에 끊임없이 애정과 안정감을 갈구하는 상태가 되었다. 두 사람이 왜 서로에게 금세 짜증을 내고 심지어 친밀한 관계 속에서도 앙심을 품는지 이해할 만하다. 반면이 연인들이 마음속에 자신의 고통스러웠던 이전 관계를 그대로 재현할 상대를 찾고 있다는 것을 수긍하겠는가? 왜 이런 고통을 자초할까? 지그문트 프로이트 Sigmund Freud가 말했던 '반복 강박 repetition compulsion'으로 빠지는 이유가 무엇일까? 우리는 자신이 아는 것, 과거에 인간관계의 역동이 형성된 방식을 반복해서 실행하고, 이 과정에서 자기도 모르게 낯익은 것, '집'처럼 느껴지는

4장 심층심리학의 세 가지 기본 원칙

친숙한 것을 경험하려고 고통스러운 관계를 반복하고 있는지도 모른다.

짓눌림에 대처하는 전략

나는 《유령의 출몰Hauntings (가제)》이라는 책에서, 고약한 유령들이 출몰하는 집에서 성인기를 보내는 성미 급한 사람들의 이야기를 다루었다. 일차 경험에서 현상학적으로 구성한 최초의 '이야기들'은 우리 삶 속에 반복적으로 나타나 강력한 힘을 행사한다. 초기 관계의 메시지들은 향후 관계, 심지어 수십 년 뒤에도 수시로 나타난다. 실례로 유년기에 자신의 약한 경계를 수시로 침범하는 관계—즉 압도적인 환경— 속에서 자란 사람들은 자신의 대인관계를 통제하려고 한다. 이로 인해 '좋은 관계를 기대하는' 상대와의 관계에서 친밀함과 순응을 회피하거나 권력 우위를 얻으려는 패턴을 보인다.

회피 Avoidance

누군가에게 침해를 당하는 경우 예외 없이 상대방은 강하고 나는 약하다는 핵심 메시지가 생성된다. 그래서 우리는 불안한 자신을 위험에 처하게 하는 직면이나 소통을 회피하는 법을 배운다. 회피를 실행하는 일반적인 경로에는 억제, 모든 위협 대상에 대한 회피, 지연, 무감각, 타인 비난, 타인으로의 투사, 억압, 해리 등 다양한 전략이 있다.[4] 이는 모두 일종의 방어이며, 그에 따르는 여파는 계속 축적된다.

순응 Compliance

사회적 계약을 이행하고 복잡한 사회적 의사소통을 해내려면 자기중심적 욕구를 희생하고 타인과 협력해야 한다. 이렇듯 때에 따라 순응하는 패턴은 사회가 제 기능을 하는 데 꼭 필요하다. 하지만 오직 두려움 때문에 순응하는 영역은 가려진다. 이런 순응의 가장 대표적인 형태로 다수가 공유하는 반사 행동을 가리켜 '공동의존'이라고 한다. 이 기제는 타인에게 상냥하다는 인상을 주는 식으로 발현되는데, '다정하다'는 평가를 받아 더욱 강화되기도 한다. 하지만 태고의 불안에 굴복한 결과로 나타나는 반사적이고 무의식적인 순응은 결코 좋은 것이 아니다. 엄밀히 말하면 자신이 선택한 것도 아니다. 공동의존 상황에서는 상대방에게 투사한 힘이 나의 독립적인 선택 능력을 짓누른다. 결국, 상대에게 일방적으로 맞추는 대가로 진정한 자기 모습을 잃어버리고, 자유를 상실한 끝에 우울증이나 분노에 빠지게 된다. 우울증은 '학습된 무기력' 또는 '안으로 향한 분노'라고 정의한다는 점을 생각할 때, 공동의존적인 회피로 어린 시절의 자기를 '보호'하

4장 심층심리학의 세 가지 기본 원칙

려다가 더 큰 대가를 치르는 셈이다.

권력 콤플렉스 Power Complexes

권력power은 모든 인간관계에 나타나는 문제다. 권력 자체는 중립적이므로 본질상 선하지도 악하지도 않다. 권력은 인생의 문제를 해결하는 에너지이기도 하다. 하지만 권력이 콤플렉스에 사로잡히면 해로울 수 있다. 모두가 겪어봤듯 권력이 지배하는 관계 속에서는 관계성이 설 자리가 없다. 반대로 의식을 기울여 권력을 잘 사용하면 문제를 해결하고, 해로운 것을 정화하며, 관계를 향상하는 데 유익하다.

각자 자신의 이전 인간관계를 돌아보면 이 세 가지 패턴-회피, 순응, 권력 콤플렉스-이 작용하면서 그에 따른 여파가 쌓였다는 것을 쉽게 알 수 있다. 한때 나를 보호해 주던 것이 지금은 나를 옭아맨다는 역설은 그야말로 오래된 이야기다. 대인관계 속에서 나타나는 회피, 순응, 권력 투쟁의 그물망을 생각해보면 이 전략들이 타인에 대한 태고의 두려움에서 진화한다는 점을 확실히 알 수 있다. 용기를 내어 의식적으로 이 점을 알아차린다면 상대방은 그저 '타자'일 뿐 나를 금방이라도 덮칠 위협이 아니라는 점을 깨달을지도 모른다.

대다수 사람이 이를 알고 있으며, 실제로 어릴 적 두려움과 그 뒤에 길게 따라붙은 여파를 잘 극복해내는 사람도 많다. 이것이 야말로 가장 바람직한 모습으로 인생의 무대에 당당히 서는 것이다. 이와 달리 오래된 과거 이야기에서 한 발자국도 떼지 못한 채 고착되어 있는 사람도 있다. 수시로 이런 패턴을 알아차리고 최대한 거기에 얽매이지 않는 사람은 '건강한 신경증 환자'다. 내면 깊은 곳에 분열이 있기에 '신경증'을 가지고 있긴 하지만, 이를 인식하고 최선을 다해 용기 있게 이 문제와 씨름하므로 '건강한' 것이다.

어떤 선택을 내리느냐에 따라 다른 결과가 나타난다는 점에서 미래는 우리에게 달린 문제다. 과거에 형성된 강력한 구조에 속절없이 무릎을 꿇는 사람들은 '인격 장애'의 포로가 되어 자신의 방어기제에 휘둘리면서 역사에 고착된 채 살아간다.[5] 이들의 영혼이 머무는 세계를 좌우하는 것은 핵심 인식과 대처 기제인데 이는 트라우마를 겪으며 형성된 것들이다. 안타까운 말이지만, 임마누엘 칸트Immanuel Kant의 유명한 말처럼 인간이라는 뒤틀린 목재에서 곧은 것이라고는 그 어떤 것도 만들 수 없다.

버림받음에 대처하는 전략

앞서 확인했듯 짓눌림과 함께 우리를 위협하는 또 다른 두려움은 '버림받음'이다. 최초의 인간관계에서 불확실성, 까다로운 주변 상황, 버림받음을 경험했던 사람은 낮은 자아 존중감, 자기애, 결핍이라는 세 가지 방어기제를 통해 유사한 반응을 보인다.

낮은 자아 존중감 Low Self-Worth

모든 사람이 자기를 둘러싼 환경을 '읽어내' 메시지를 얻는다고 할 때, 이 메시지는 세상뿐 아니라 자신에 대한 내용도 담고 있다. 조금 투박하게 표현하면 내게 벌어지는 일은 나 때문이며 그 일이 곧 나를 드러내고 규명한다는 것이다. 그래서 최초의 인간 관계에서 '이 정도로는 안 된다'라는 메시지를 받은 경우, 이 경험을 내면화해 자신이 가치나 능력 면에서 부족하다고 단정 짓게 된다. 이렇듯 자존감에 상처를 입는 경우는 흔하며, 이는 향후 인생 여정에서 상반되는 두 가지 방식으로 표출된다.

가장 자주 나타나는 것은 자기 폄하다. 늘 자신이 가치 없고 불충분하다는 감정에 사로잡혀 필요한 선택이나 위험한 상황을 회피하고, 심지어 자신을 파괴하는 쪽으로 행동한다. 반면에 "나 좀 봐. 이렇게 가진 게 많다니까.", "우리 애들은 어쩌면 그리 훌륭하고 뭐든 척척인지 몰라.", "내가 이뤄 놓은 것들을 좀 보라고."라면서 과잉 보상에 사로잡힐 때도 있다. 이런 행동들을 보면 그 사람이 실제로는 자아 존중감이 낮은 까닭에 그렇게 행동한다는 것을 잘 알 수 있다.

결핍 Neediness

끊임없이 안도감을 얻으려는 갈망에 지배당해 나타나는 반응도 있다. 이 욕구는 다른 사람들에게 없어서는 안 될 사람처럼 행동함으로써 슬며시 감출 수 있다. 반대로 질투나 시기심을 드러내 세상에 해로운 기운을 뿜어내기도 한다. 가장 흔한 형태는 반복적으로 타인의 인정을 갈구하는 것이다. 이로 인해 주변 사람은 모두 떠나버리고 홀로 남겨진 까닭에 '결핍' 상태는 심화된다.

자기애 Narcissism

세 번째 반응도 권력 콤플렉스가 일으키는 것으로 배우자, 자녀, 자기 부하를 통제하려는 형태로 나타난다. 저마다 자기애로 인한 상처를 안고 있지만, 그렇다고 모두가 나르시시스트가 되지는 않는다. 하지만 분명 이러한 핵심적인 상처는 종종 타인을 통제하려는 행위, 수동 공격적인 파괴 행위, 자신이 원하는 대로 타인을 조종하려는 행위로 나타난다.

최초의 인간관계에서 발생해 우리 마음속에 '출몰'하는 위 세 가지 반응은 자기 폄하, 안도감에 대한 지나친 욕구, 권력 우위를 점하려는 집요한 노력 등의 형태로 나타나 남은 삶을 지배하려 든다. 앞서 말했듯 대다수 사람이 이상적인 나와 실제 나 사이의 모순 때문에 괴로워한다. 이런 내적 갈등을 인식하고 때때로 태고의 행동에 저항하는 것이 건강한 신경증 환자, 더 큰 미래를 꿈꾸는 사람이다. 반대로 핵심 인식과 적응 전략에 좌우되는 사람은 인격 장애의 감옥 속에서 고통스럽게 살아간다.[6]

우리 모두가 짓눌림과 버림받음이 안겨주는 상처에 대처하려고 위의 여섯 가지 실존적 대응 패턴을 어느 정도 발휘한다. 이 패턴들은 스스로 작용해 우리의 일상적 행동 패턴에 영향을 미친다. 모든 사람은 살아가는 동안 자신의 약한 경계가 무너지는 것을 끊임없이 경험하고, 타인이 주는 안도감과 사랑이 부족하다고 느낀다. 이러한 환경 요인을 이해하려면 나름의 '이야기'를 만들어내야 한다. (자기 삶에서 위 여섯 가지 대응 패턴이 작용하는 것을 보지 못했다면 아마 보이지 않는 무의식적 방식으로 대응하고 있을 것이다.) 확신하건대, 회피나 타인 조종 같은 대처 기제들은 우리가 성숙하는 과정에서 일순간 두드러지게 나타났다가 슬며시 모습을 감췄지만, 결코 사라지지는 않았다. 이 기제들을 통해 보이는 것은 보이지 않는 것의 보상이라는 점을 상기할 수 있다. 우리가 보는 것은 행동 패턴이다. 반면 우리 각자가 세상에 발을 들여놓으면서 자기와 세상에 대해 품어온 태고의 해석은 보이지 않는다.

이 두 번째 원칙을 통해서 행동 치료 나아가 인지 치료와 심리 치료가 때로는 유용하지만 진정한 인격 변화를 이루기에는 부족한 이유를 알 수 있다. 더 깊은 심적 환경, 즉 의식적 사고 저 아래 깔린 반사적 보호 기제를 규명해 이와 씨름하기 전까지, 이 패턴화된 과정은 우리의 핵심 인식과 생존 기제처럼 내면 깊이 뿌리박혀 제멋대로 활동할 것이다.

눈에 보이는 것 아래를 들춰볼 때 비로소 우리가 살아가는 삶을 이해하기 시작한다.

또 여기서부터 전투가 시작된다. 이 전투는 자신의 삶을 걸고 평생 진행되기도 하지만 분명 싸워 이길 가치가 있다. 자신의 행동 패턴이 세상으로 스며 나올 때 이를 알아챌 수 있다면, 삶을 제멋대로 지배하려는 그 패턴을 꽁꽁 묶을 수 있다.

셋째, 모든 것은 은유다

인간의 정신이 자기를 조절하고 지휘하는 체계라면, 그것이 나와 직접 의견을 나누며 소통하고 문자 메시지를 써 주고 이메일을 보내서 내가 일상생활에서 어떻게 행동하면 좋을지 알려 준다면 얼마나 좋을까?

실제로 이런 일이 이루어지는데 그 방식은 은유적이다. 정신은 우리 존재에 열려 있는 다양한 경로로 끊임없이 우리에게 말을 건네지만, 인간의 언어가 아닌 자연의 언어를 쓴다. 융은 기묘한 꿈이 그렇듯, 자연이 우리를 속이려는 의도를 가질 수 있느냐는 질문을 받은 적이 있다. 그는 인간은 의도적으로 우리를 속이지만 자연은 결코 그렇지 않다고 대답했다. 한때 선조들이 그랬듯 우리도 상징적 언어를 배우고 자연이 우리에게 드러내는 내용을 겸손한 태도로 받아들이려고 노력해야 한다. 우리의 먼 선조들은 기묘하고 무서우며 불가사의하고 종잡을 수 없는 힘들이 활동하는 어둡고 신비로운 세계 속에 살았다. 그 세계는 살아 있는 존재로서 영적 에너지와 무형의 의미를 가득 담고 있었다. 반면 우리는 선조들과 같은 세계에 살면서도 다른 이미지를 동원해 자신의 경험을 설명하고, 이 세계의 은유를 파괴해 무미건조한 추상적 개념으로 표현하는 것을 자랑스러워한다. (천 년 전에 살았던 일본의 궁중 시인들이 사이버 세계를 만들었다면 '하이퍼텍스트 전송 규약 HTTP'이 아닌 '백합 천 송이가 핀 연못', '파일과 폴더'가 아닌 '수국이 만발한 산비탈'이라는 표현을 썼을 거라는 생각이 든다. 작지만 쓸모 있는 '마우스' 만큼은 제대로 이름 붙인 것 같다.)

삶은 설명이 불가능하다. 삶에 대해 뭔가를 발견했다 싶으면 즉시 새로운 탐구 영역과 아리송한 질문들이 생겨난다. 아리스토텔레스가 《형이상학 Metaphysics》에서 '모든 사람은 본성적으로 알고 싶어 한다.'라고 지적했듯이 호기심을 좇는 것이 우리의 본성이다. 다만 우리가 가장 원하는 것은 늘 우리가 가진 개념과 방법 바깥에 머물러 있다. 그 개념과 방법이 정교하면 정교할수록 체셔 고양이(루이스 캐럴의 소설 《이상한 나라의 앨리스》에 등장하는 캐릭터로 난해하고 모순적 대상을 비유한다.-옮긴이)는 더욱 더 알 수 없는 미소를 짓는다. (철학자 칸트와 양자물리학자들 모두 우리가 대상을 알 수 없다고 지적했다는 점을 기억하자. 우리가 아는 것은 상대에 대한 주관적이고 개별적인 경험뿐이다. 현대 물리학이 뉴턴의 물리학을 제한적이고 맥락 의존적이라고 본 것처럼 칸트는 종래의 형이상학이 시대에 뒤떨어지며 심층심리학이 필요하다는 것을 알게 해 주었다.)

하지만 인간의 정신은 우리를 이끄는 신비를 이용하거나, 이에 다가가고 설명하는 대신 암시할 두 가지 도구로 은유metaphor와 상징symbol을 제시한다. 두 단어의 어원만 살펴보아도 많은 것을 알 수 있다. 은유는 '~을 가지고 넘어가다' 또는 '~을 가지고 건너가다'라는 뜻이며, 상징은 '~을 향해 투사하다' 또는 '~과 함께 투사하다'라는 뜻이다. 둘 다 우리를 신비로운 대상에 직접 연결해 주지는 않지만, 이해할 수 없는 상대에 가까이 다가가 감정을 느끼도록 관계를 맺게 한다. 시인이 사랑하는 사람을 꽃에 비유할 때, 우리는 그가 식물과 사랑에 빠진 것이 아니라 사랑하는 대상의 형언할 수 없는 매력을 최대한 표현하려고 아름답다고 느껴지는 친숙하고 흔한 대상을 활용했음을 알 수 있다. 시인이 말하는 식물의 이미지를 정확히 설명할 수는 없지만, 우리는 그가 의미하는 바를 이해하고 은유가 만들어내는 게임 속에 기꺼이 참여한다. 시인이 "She knocks my socks off."('그녀가 내 양말을 벗겨 버렸다'라는 뜻이지만 실제로는 '그녀가 나를 깜짝 놀라게 했다'라는 관용적 표현이다.-옮긴이)라고 표현하더라도 우리는 올바른 뜻을 이해하고, 이 화자가 불쌍한 맨발 처지라고 생각하지는 않는다. 은유와 상징이 제 역할을 하는 것은 우리가 그 사용법을 제대로 이해해 그것들이 등장하는 게임에 동참할 수 있기 때문이다. 그래서 '자연답게' 움직이는 자연과 관계를 맺는다는 것은 인간이 지닌 일반적인 이해력을 넘어서는 대상과 교류하는 게임에 참여하는 것임을 이해해야 한다.

내면의 메신저 신뢰하기

정신은 평소에 우리 자아가 이해하는 관점이 아니라 자신만의 관점에서 현재 삶이 어떤지 끊임없이 논평한다. 우리의 자아의식은 외부세계의 다양한 요구에 사로잡혀 이에 대응할 때가 많다. 이 요구들은 실재적이고 긴박하지만, 내면에서 우러나오는 증언을 억누르고 외면하게 만든다. 한편 자아의식이 개인의 역사에서 응어리져 형성된 콤플렉스를 받쳐줄 때도 많다. 오늘 오전에 나와 대화를 나눈 남성은 뛰어난 재능을 지녔지만, 사업에서 운동에 이르기까지 모든 면에서 탁월하기를 기대하는 부모님의 기대에 맞춰 사느라 괴로워하는 사람이었다. 드디어 자신의 재능이 더는 효과를 보이지 않는 지점에 다다랐다. 그가 해야 할 일은 자신의 경험을 다른 각도에서 바라보는 것이다. 부모님의 기대에 따라 살던 쪽에서 자기 영혼이 원하는 것을 찾는 쪽으로 우선순위를 옮겨야 한다. 이렇게 경합하는 힘들이 부딪치는 것은 결코 감당하기 수월치 않다. 삶을 가득 채운 그의 외적 성취는 스스로 선택해 이룬 것 같지만, 안을 들여다보면 남을 기쁘게 해야 한다는 욕구가 낳은 결과다. 잠시 멈추고 정신이 무엇을 원하는지 묻는 것은 그에게 완전히 새롭고 위험해 보이는 일이다.

정신이 의견을 내놓는 방법은 무궁무진하다. 가장 먼저 우리는 '감정 기능'을 즉시 알아차린다. 감정은 우리가 만들어내는 것이 아니다. 정신이 그 순간을 어떻게 받아들이는지 질적으로 분석해 자연스럽고 자발적으로 표현할 때 일어나는 것이 감정이다. 우리는 내면에서 나오는 이런 보고를 부인하거나 억압하거나 마비시키거나 다른 사람에게 투사할 수는 있지만, 이를 만들어낼 수는 없다. 이 자율적인 반응 체계를 있는 그대로 존중할 수 있다면, 삶의 경로를 바꿀 중요한 단서를 발견할지도 모른다. 다시 말해, 세상 또는 나의 콤플렉스가 특정 분야로 나를 밀어붙이는 통에 온 힘을 기울여 이를 성취하려고 노력하는 데도 이에 대한 긍정적 감정이 뒤따르지 않는다면, 우리는 자신과의 정상회담에 정중히 초대받은 것이라고 여겨야 한다는 것이다.

마찬가지로 정신이 사용하는 에너지 체계는 우리의 생존을 돕는 것을 넘어 질적인 정보를 제공하기도 하는데, 우리는 여기에 주의를 기울여야 한다. 종종 삶은 우리에게 생존과 적응에 에너지를 쏟으라고 요구한다. 다행히 우리는 그럴 능력이 있고, 실제로 거기에 에너지를 동원하고 있기에 이렇게 지상에 존재하는 것이다. 하지만 그 에너지가 영혼이 추구하는 것과 정반대로 환경적인 요구나 고압적 콤플렉스에 쓰일 때, 우리는 자신의 에너지가 고갈되는 느낌을 받으며 그럴수록 힘을 짜내기도 어려워진다. 이 암울한 지하 터널 곳곳에는 무기력, 지루함, 우울증이라는 정류장이 있고, 종착역에서는 소진과 번아웃이 기다리고 있다.

앞서 본 것처럼 우리의 정신이 반항하고 격화되면 정신병리, 즉 증상이 나타난다. 우리 문화권에서는 최대한 빨리 증상을 가라앉히고 해결하라고 종용하지만, 진정 필요한 것은 이 증상들이 왜 생겨났는지, 그들의 변론은 무엇인지, 무엇을 원하는 것인지를 묻는 것이다. 우울증(착실하게 자신의 삶을 살아가는 사람들도 이런저런 형태의 우울증을 경험한다.)을 겪는다면, 자아는 고층 건물 꼭대기 층에서 투자를 고민하는 부유한 간부의 입장에서 과연 정신이 어디에 에너지를 투자할지를 물어야 한다. 누군가 당신에게 모아둔 돈을 몽땅 털어서 이미 파산한 기업인 '엔론Enron'이나 유개화차covered wagon(철로에서 화물을 수송하는 화차)에 투자하라고 한다면 터무니없는 소리라고 할 것이다. 그러나 우리는 날마다 자신의 소중한 자본인 영혼의 에너지를 생명이 다한 곳에 쏟아부으면서 왜 거기서 만족감을 느끼지 못하는지 의아해한다.

자신에게 올바른 일을 할 때는 내면의 무언가가 돕겠다고 나서서 인생의 가장 고되고 어려운 시기에도 우리를 든든히 받쳐준다. 이처럼 우리는 힘든 시기를 거침으로써 자신에게 맞는 길과 목적의식을 되찾았던 경험, 즉 의미를 얻은 적이 있다.

이 모든 감정, 에너지 체계, 극심한 분투와 고통의 한가운데서 맞이한 순간들은 우리 안에 살아있는 은유적인 본성을 깨달아야 함을 보여 주는 예다.

꿈의 언어

위에서 말한 의사소통 수단과 더불어 꿈이 지니는 중요한 역할도 기억해야 한다. 자연은 에너지를 낭비하지 않는다. 수면 연구가들은 우리가 일반적인 수면 주기에 따라 매일 평균 여섯 개의 꿈을 꾼다고 한다. 많은 사람이 밤마다 찾아오는 꿈을 그날그날 벌어졌던 사건의 반복 또는 우리가 경험한 과도한 자극을 정리하는 일로 치부한다. 하지만 겸허한 태도로 주의를 기울여보면

때로는 보상의 목적, 때로는 지시하고 발전시키는 목적이 꿈에 있다는 사실이 드러난다. 꿈을 존중해 꿈속의 이미지가 어떤 작업을 하는지 지켜보면, 꿈이 겹겹이 쌓인 어떤 층을 뚫고 들어가 반향을 일으킨다는 것을 알게 된다. 꿈의 주제를 구성하는 요소에 주의를 기울이고, 특정 이미지가 발휘하는 힘에 이입하며, 자아의식을 깨우치는 소리에 귀를 기울여보라. 이 모든 것이 더 깊은 자신의 실체와 색다른 관계를 맺도록 도와준다.

그때부터 자기 내면의 무언가가 사태를 관찰하고 조망해 꿈을 만들어내고, 우리가 겸허히 이 꿈과 대화하길 바라고 있다는 색다른 관점을 인정하기 시작한다. 이전까지는 극성스러운 외부세계에 권위를 부여하고 그 세계를 잘 따르려고 했다면, 이제 시선을 돌려 내면세계의 실체와 진지한 태도로 대화를 나누는 데 더 큰 의미를 부여하게 된다.

지난 수십 년간 나는 수천 번 꿈을 꾸었는데 지금도 꿈이 안겨주는 지혜에 늘 놀란다. 매시간 우리는 이 유령 같은 존재이자 미묘한 방문객을 붙잡고 씨름한다. 내가 오랫동안 관찰한 결과, 꿈에 주의를 기울이면 까다로운 바깥세상과 숙명으로 주어진 강압적인 콤플렉스에만 충실하던 태도가 변해 우리 내면에 있는 신비롭고 상징적인 근원에 점점 더 놀라게 된다.

몇몇 사례를 살펴보자. 최근에 만났던 한 50대 여성은 중대한 외적 상실을 겪고는 감정 속에 고착되어 꼼짝할 수 없게 되었다. 나는 첫 상담에서 그녀의 꿈 이야기를 들었다. 자신이 부모님 집에 있는데 뭔가 사악한 존재가 '남성적인 에너지'(내담자의 표현)를 변기 아래로 내려 버렸고, 그 에너지가 계속 살아남아 마룻바닥 밑에서 요동치더라는 것이다. 이런 꿈은 문제의 진단과 처방을 모두 보여 준다. 첫째, 이 꿈은 내담자가 충격적인 상실을 경험한 결과 자기주도력을 상실했다는 것을 보여 준다. 둘째, 꿈속에서 에너지는 죽지 않고 계속 존재했다. 이때 내담자와 상담자가 할 일은 융의 용어인 긍정적인 아니무스^{animus}(여성의 무의식 속에 있는 남성적 요소-옮긴이) 에너지를 회복하기 위해 '저 아래로' 내려가는 과정에 주의를 기울이고, 꿈이 전하는 내용을 다루어 내담자의 삶을 다시 일으키는 것이다. 영혼은 어마어마한 소생의 에너지를 가지고 있다. 생애 역사 속의 몇몇 문제는 완전히 치유하기가 어렵지만, 문제를 대하는 다른 에너지를 길러내 그 트라우마가 우리를 규정하고 축소시키려 할 때 이를 능가할 만큼 자신을 성장시킬 수 있다.

많은 내담자가 들려준 꿈 이야기 중에서 상담 초창기에 들은 것이 가장 기억에 남는다. 내담자는 당시 남편을 잃은 지 얼마 안 된 66세의 여성이었다. 이 내담자는 꿈이나 꿈꾸는 행위를 믿지 않는 사람이었지만, 영 께름칙한 꿈이 있어서 상담 중에 이야기를 꺼냈다. 내담자의 배경을 간단히 소개하자면, 이 여성이 자란 문화권은 색달랐다. 아버지의 말과 권위에 절대 이의를 제기할 수 없는 가부장적인 가정에서 자랐다. 아버지가 자신을 사랑하며 늘 좋은 의도로 자신을 대한다는 것을 알았기 때문에 인생의 중요한 선택을 내릴 때도 아버지의 승낙과 거절을 기꺼이 받아들였다. 아버지의 권위는 그녀에게 구애하는 젊은 청년을 아버지가 인정하느냐 안 하느냐까지 확대되었다. 아버지가 고인이 되자, 이번에는 그녀의 남편이 그 권위를 그대로 행사했다. 남편도 좋은 성품을 지닌 자상한 사람이었지만, 그녀는 마음속에 묻어 두었던 권위의 문제를 남편이 죽기 전까지 꺼내보지 않았다. 우리는 맨 먼저 현재 그녀를 뒤덮고 있는 애도의 마음을 다루었다. 하지만 꿈 이야기를 듣고 나서는 상담의 방향이 지지적인 심리치료에서 분석으로 바뀌게 되었다. 비록 사별의 아픔을 안고 있었지만, 내담자가 성장하고 치유되길 바라는 더 깊은 수준의 에너지를 다뤄야 했던 것이다.

꿈속에서 내담자와 남편은 일종의 성지 순례를 하고 있었다. 그녀는 아름다운 정원을 지나 다리를 건너다가 문득 지갑을 깜빡했다는 사실을 깨달았다. 남편은 계속 걸어갔지만 그녀는 놓고 온 지갑을 가져와야만 했다. 지갑 안에는 신분증, 열쇠, 비상용품, 개인 소지품 즉 개인의 가치와 재능과 정체성을 나타내는 것들이 담겨 있었다. 이 지갑이 각종 은유의 보고임은 말할 것도 없었다. 그녀 자신은 몰랐겠지만 그 꿈은 그녀가 70대의 그 시점에 도달하기 전까지 몰랐던 사실을 말해 주었다. 즉, 항상 자신의 권위를 다른 사람에게 부여하고 살아왔다는 것이었다.

꿈 후반부에서 그녀는 지갑을 찾으러 발걸음을 돌렸다. 아까 그 다리 혹은 '건너가는' 단계에 다다르자 나이는 알 수 없지만, 왠지 친숙한 한 남자가 있었다. 그녀는 자기답지 않게 다리를 건너면서 처음 만난 그에게 자신의 인생사를 들려주었다. 그러고는 최근에 남편이 세상을 떠나 너무 외롭다는 말로 이야기를 마쳤다. 낯선 이는 어떤 기분인지 알 것 같다고 하며, 충격적이게도 이렇게 말했다. "하지만 저는 괜찮던걸요." 그녀는 꿈속에서도, 그리고 치료자인 내게 꿈을 설명할 때도 이 '낯선 사람'의 뻔뻔하고 무감각한 태도를 매우 언짢아했다. 하지만 나는 이것이 삶이라는 집 어딘가에 갇혀 있느라 볼 수 없었지만, 발견되기를 기다리던 그녀의 '남성적' 존재를 처음 마주하는 순간임을 알 수 있었다. 꿈속에 나타난 무례한 방문객을 있는 그대로 보는 데서 더 나아가 그 이미지의 상징적 기능을 들여다보자. 그녀는 상실이라는 외적 트라우마를 계기로 자기 인생의 두 남자에게 부여해온 내적 에너지를 발견하게 되었음을 깨달았다. 그녀는 트라우마를 경험하고 이를 통해 자신을 회복하려고 노력한 끝에 새로운 삶,

여행, 개인적인 성장을 이루며 여생을 충분히 누렸다.

이런 계기가 없었다면, 결코 맛보지 못했을 경험이다. 좋은 결과를 얻게 되어 상담사인 나도 기쁘게 생각한다. 일반적인 기준에서 그녀는 다방면으로 성과를 냈고 일에서도 큰 성취를 거두며 살아왔지만 이것은 온전히 자신의 삶이 아니었다. 외적 존재가 사라지고 나서야 변함없이 자리를 지켜온 내면의 권위와 자신이 어떤 관계인지 알게 되었다. 스스로 치유하고, 상징의 형태를 동원해 문제와 성장을 위한 방법을 모두 표현하는 정신의 능력은 늘 놀라움을 준다. 이런 능력은 억지로 개발하거나 만들어낼 수는 없다. 이는 자연의 작용을 받쳐주고 돕기 위해 우리 내면에서 자율적으로 일어나는 일이기 때문이다.

위의 예들은 정신이 늘 우리에게 말을 건넨다는 사실을 알려준다. 정신은 신체, 마음, 꿈, 직관의 경로를 통해 상징적으로 말한다. 한때 융이 주장했듯, 우리 각자의 내면에 200만 년 된 사람-자연의 지혜와 영혼의 가르침을 지닌 존재-이 있다는 사실을 알았다면, 그 사람에게 주의를 기울이고 관계를 쌓는 것이 마땅한 일 아니겠는가? 쉴 새 없이 울려대는 외부의 불협화음과 내면의 혼란에서 벗어나 그 존재와 교류하는 것이 이치에 맞지 않겠는가? 하지만 융이 바젤대학교 학부생이었을 때 지적한 것처럼 우리 모두는 잠잠히 내면에 머무르는 지혜로운 영혼의 목소리를 몹시 두려워한다. 오히려 큰 '타인'이 나를 위해 모든 것을 알아서 해 주길 바라던 작고 의존적이던 유년기 패러다임을 붙잡고 있는 편이 더 수월하다고 여긴다.

개인적인 권위에서 도망치는 일은 외롭기도 하거니와 의존적인 태도가 낳은 결과다. 이는 자연 또는 신성한 존재가 우리에게 생존하고 성장하는 데 필요한 도구를 전해 줄 가능성을 완전히 외면하는 것이다. 다른 동물들은 자신이 알아야 할 것을 '아는 상태'로 태어난다. 우리도 마찬가지다. 다만 인간은 사회화를 거치면서 원시적인 '앎'과 분리된다. '저 밖에서' 권위를 찾으려는 노력을 모두 소진하기 전까지는 이 땅에 불안한 첫발을 내디딘 순간부터 우리 안에 고요히 울리던 음성을 들으려는 위험을 감수하지 않는다. 융은 고작 학부생이었고, 소란스러운 주변 세상을 비난하던 시절(하루 24시간, 1주일 내내 외부 자극에 빠져 있는 요즘 세상을 보면 융이 뭐라고 했을까?)이었음에도 놀랍게도 자기 안에 있는 존재를 인식하고 이렇게 표현했다.

우리 삶의 모든 순간은 우리에게 무언가를 말하려고 하지만, 우리는 이 영혼의 목소리에 귀 기울이려 하지 않는다. 홀로 잠잠히 머무를 때면 무언가가 우리 귓속에 속삭

정신은 항상 우리에게 말을 건넨다. 신체, 마음, 꿈, 직관의 경로로 상징적으로 말한다.

4장 심층심리학의 세 가지 기본 원칙

일까 봐 두려워하고, 이 때문에 고요한 상태를 기피하고 다른 사람과 어울리면서 자신을 마비시킨다.[7]

이제 생각해 봐야 한다. 우리 귓속에 들려올 것 중에 그토록 곤혹스러울 만한 것이 뭐가 있을까? 어떤 요청을 받게 될까? 전처럼 작고 의존적인 상태로 남아, 우리가 그런 곤혹스러운 상황을 만나지 않게 해 줄 '타인'을 계속 찾아 나서는 편이 나을 듯하다. 그렇지 않은가? 곧 알게 되겠지만, 그 방법이 수월하긴 해도 만족스럽지는 않을 것이다.

습관과 강화된 방어 패턴에 젖어 있는 우리에게 변화는 분명 위험한 일이지만, 우리 삶을 되찾는 데 꼭 필요하다. 우리가 방어 기제를 짊어지고 가는 방식으로 인해 선입견을 품고 제한된 선택을 내리는 행동에는 은유가 드리워져 있다. 의식적으로는 현재 순간에 반응하고 있다고 여기겠지만 실은 오래된 이야기, 옛일이 되어 버린 일들을 재현하며 과거 속에 사는 것이다. 이대로 시간이 흐르면 자신의 이야기가 오래된 예전 형태를 반복하고 있다는 것을 깨닫는 대신, 이것이 자신의 본모습이며 세상의 실체라고 확신하게 된다. 다행히 오래된 은유의 실체를 확인할 방법이 있다. 꿈속에서 만나는 은유적 언어와 우리의 심신이 보내는 메시지 그리고 문학 작품이 그 열쇠를 쥐고 있다.

5장

◆

문학 작품에서 엿보는 회복탄력성
〈안티고네〉, 〈햄릿〉, 〈프루프록〉

사느냐, 죽느냐, 그것이 문제로다.

이 세상이 안고 있는 극심한 소용돌이 속으로 들어갈

것인가, 아니면 세상이 내미는 고통스러운 요구를 피할

방법을 찾을 것인가?

- 〈햄릿〉 중

앞서 확인했듯 우리는 모호성, 변화, 불확실성이 내면에 일
으킨 불안의 크기만큼 삶의 여건에 늘 저항한다. 이러한 저항
을 극복하는 것은 영적인 과제일뿐더러 심리학적 과제이기도
하다. 불안 각성뿐만 아니라 가치의 위기도 관여되기 때문이다.
본 장에서는 정신의학 연보가 아닌 문학 분야에서 선별한 '사례
보고서'에서 이 심리학적 문제를 살펴보려고 한다. 소포클레스
Sophocles(아이스킬로스, 에우리피데스와 함께 고대 그리스의 3대 비극 시인으로
꼽히는 작가-옮긴이), 셰익스피어, T. S. 엘리엇이 보여 주는 세 가지
문학적 원형을 보면, 우리와는 달리 삶의 이행기에 얽매이지 않
고 지침으로 삼을 만한 참조점을 구하며, 당면한 현실을 헤쳐 갈

회복탄력성을 찾는(또는 찾는 데 실패하는) 인물이 있다. 모든 사람은 살아가면서 그리고 무언가를 갈망하면서 다양한 이행기를 거친다. 고대인들도 이를 잘 알았고 서양 문학의 거장들도 마찬가지였다. 이제 우리의 동지인 안티고네, 햄릿, 프루프록을 기억하면서 우리가 그들과 공유하는 원형적 삶의 여정에 심층심리학이 주는 묵직한 선물을 적용해 보자.

안티고네Antigone의 삶은 고대 그리스 시민의 의무와 신에 대한 존중 사이에 사회 속에 어울리며 인정받고 안정을 얻으려는 욕구와 절망적인 오라버니를 향한 애정 사이에 끼어 있었다. 햄릿의 삶에서는 그가 원하는 것, 그가 해야 할 것, 필요한 일을 이행하는 그의 능력 사이에 큰 격차가 있었다. 알프레드 프루프록J. Alfred Prufrock은 상충하는 자기 이미지-이상적인 자기와 현실의 자기, 자신의 욕구와 그 욕구에 따라 행동할 용기- 속에 살았다. 익숙한 이야기다. 우리도 이 같은 필요와 욕구를 다 경험하지 않는가? 하지만 우리는 일상적이고 적응과 회피하는 쪽을 택해 이도 저도 아닌 지옥, 잃어버린 영혼의 연옥 속에서 괴로워한다.

1930년에 기독교인 시인이자 비평가라고 자부하던 T. S. 엘리엇은 19세기 인물 중 가장 반문화적이었던 샤를 피에르 보들레르Charles Baudelaire를 극찬했다. 엘리엇은 《악의 꽃Les Fleurs Du Mal》을 비롯해 대립적인 태도를 담은 글을 썼던 보들레르야말로 단테의 지옥에 나오는 기회주의자도 아니고 미지근한 사람도 아니라고 했다. 오히려 존재하지 않은 채 어중간한 영역에 있으니 차라리 지옥에 사는 것이 낫다고 여길 정도로 영적으로 강한 사람이라는 것이다. 보들레르의 영성은 타인이 부여한 권위가 아니라 자신의 노력으로 얻은 영예로운 것이다. 엘리엇은 이렇게 결론지었다.

> 우리가 인간인 이상 우리의 행위는 선과 악 둘 중 하나다. 선이나 악을 행하는 이상 우리는 인간이다. 역설적이게도 아무것도 하지 않는 것보다 악을 저지르는 편이 낫다. 최소한 존재한다는 뜻이니 말이다. 인간의 영광은 구원을 행하는 능력에 있다는 말은 진실이다. 반대로 그의 영광은 저주를 명하는 능력에 있다는 말도 진실이다.[1]

하지만 대다수 사람은 대부분 시간을 지하세계, 이행기의 세계에서 보낸다. 이행기의 공간, 이행하는 영역에 관한 심리 상태를 살펴보면, 과거는 이미 떠났고 또는 과거가 우리를 버렸고, 미래는 아직 모호하거나 파악하기 어려운 상태다. 예를 들어, 직장생활이나 결혼생활을 끝내야겠다는 뜻은 이미 오래전 무의식에서 결정되지만, 서서히 에너지를 거둬들이며 반 의식적인 행동들로 나타난 후에야 마침내 의식 수준에서 드러난다.

언젠가 사태가 분명해진다는 점은 다행스러운 일이지만, 그런 불확실한 상황을 지날 때는 두려움에 휩싸이고 얼어붙기까지 한다. 4장에서 본 것처럼 불확실성에 대한 두려움, 오래 알고 지낸 안전한 것에 대한 집착은 자신을 제한하거나 해를 끼치는 데도, 얼마간 우리를 고착 상태에 갇히게 한다. 심지어 우리 영혼의 가장 깊은 곳에서는 이미 결정이 끝났더라도 자아는 얼른 실행에 돌입하지 않고 고착 상태와 결탁할 때가 많다. 스스로 파놓은 구덩이에서 느끼는 비참함이 아무리 클지언정 오랫동안 거기 머무르는 편을 택한다. 처음에는 무의식에서 곤경을 겪지만, 그다음에는 자신이 이미 알고 있음을 외면하려는 데서 고통이 생기고, 그다음에는 알 수 없는 미래로 발을 내디딜 용기가 없어서 어려움을 겪는다.

과거만큼이나 실제적인 미래에 도달하려면 오랫동안 유지했던 과거와의 접촉을 끊는 데 동의하거나 그럴 의지가 있어야 한다. 익숙한 해안선을 떠나 위험을 무릅쓰고 기나긴 항해 끝에 신대륙을 찾겠다는 의지가 없다면 그 어떤 대양도 건널 수 없다. 융이 명료하게 표현했듯 "신경증을 치료하고 싶다면 무언가를 감수해야 한다."[2]

안티고네의 딜레마
'선택과 결과 사이의 이행기'

우리 삶에도 때때로 잔혹한 선택의 순간이 찾아온다. 어떤 쪽을 선택하든 끔찍한 결과가 따르는 경우다. 어떤 선택을 내려야 할지 어떻게 분별하고, 이에 따르는 결과는 어떤 자세로 맞이해야 할까? 2,500년 전 소포클레스가 쓴 극은 각기 다른 삶의 여정에서 우리가 직면하는 선택과 결과의 수수께끼로 우리를 안내한다.

〈안티고네〉는 두 가지 렌즈로 바라볼 수 있다. 첫째, 고대 그리스의 고전문학에서 구체화된 이른바 '비극적 인생관'의 관점이다. 둘째, 지금도 널리 받아들여지는 '선택의 딜레마' 관점이다. 이 딜레마는 '부여받은' 권위와 '개인적' 권위가 상충할 때 나타난다.

고대인들에게 '비극적 비전tragic vision'은 인간 삶에 존재하는 위험성과 약속을 간파한 것으로서, 지금 널리 알려진 심리학이 나오기도 전에 하나의 심리학으로서 이런 질문을 다뤘다. "내가 이런 의도를 가지고 내 인생의 특정 방향을 향해 출발했는데, 어째서 그곳과는 전혀 다른 곳에 도착해 이런 혹독한 결과를 맞이하는가?" 이 질문에 대한 해답은 현대인의 삶과 뉴스 보도에 나오는 대중적 사건에도 여전히 적용된다.

우선, 비극적 비전은 우리 모두에게 불어 닥쳐 우리의 삶을 지휘하고 규정하며 제한하는 영향력의 장, 즉 우리에게 '닥치는' 통제 불가능한 일련의 힘을 인정한다. 이러한 결정론적인 세력에는 출신 가족, 물려받은 유전자, 우리가 태어난 사회적, 정치적, 문화적 맥락이 있다. 이 모든 세력은 우리를 규정하고 제한하고 지휘하는 힘을 지녔다. 이 힘을 가리켜 고대인들은 모이라^{Moira} 즉 '숙명'이라고 불렀다. 다음으로 보잘것없는 인생 위에 올라타 자신의 세력을 행사하며 우리를 통해 자신을 표현하려고 우리 안에서 밖을 향해 움직이는 힘도 있다. 우리 내면에 있는 이 발전적인 추동력은 프로에이로스모스^{Prociromos} 즉 '운명'이다.

마지막으로 고대인들은 이렇게 에너지가 모이는 곳에서 우리가 발휘하는 역할을 관찰하고 결과적으로 삶에 대한 우리의 책임을 세 가지 차원에서 규명했다. 첫 번째 차원은 우리 모두에게 본래 주어진 것이다. 고대인들이 '캐릭터^{character}'라고 부른 이것은 개인의 선택, 되풀이되는 경향, 특정한 결과를 아우르는 성향을 말한다. 두 번째 차원으로, 우리는 광대하고 압도적인 우주에 비해 작고 취약한 자신의 상태를 직관적으로 아는 까닭에 때로는 실제로 자신에게 없는 힘이 있는 것처럼 거만한 태도로 과잉보상할 때가 있다. 자신이 사태를 책임질 수 있고, 적절한 선택을 내릴 정도로 많은 것을 알고 있으며, 결과를 예견해 삶을 잘 관리

할 수 있다고 생각하는 것이다. 이러한 억측과 오만함을 가리켜 고대인들은 '휴브리스Hubris'라고 불렀다. 오늘날 심리학에서는 이를 가리켜 인플레이션inflation이라고 한다.

사실 우리는 충분히 알았다고 할 만큼 온전한 앎에 결코 도달할 수 없다. 아무리 좋은 의도를 가졌더라도 자신이 내린 선택이 불러일으키는 또 다른 선택의 그물에 늘 걸려든다.

세 번째 차원으로, 고대인들은 각자의 관점에 흠이 있고, 우리가 자신의 문화와 출신 가정 그리고 삶의 굴곡이 빚어낸 왜곡된 시선을 바탕으로 선택을 내린다는 사실을 알고 있었다. 칸트의 지적대로, 파란 렌즈의 안경을 쓰면 파란 세상을 바라보며 파란색만 선택하게 될 것이다. 고대인들은 이러한 굴절된 시각과 편향된 선택을 가리켜 '하마르티아Hamartia'라고 불렀다. 이 단어는 종종 '비극적 약점'으로 번역되지만, '왜곡된 렌즈'라고 이해할수도 있다. 이 탁한 유리로는 결코 제대로 볼 수 없다. 대신 자신의 굴절 렌즈가 보여 주는 것만 선택할 뿐이다.

각자가 자기 선택이 초래한 결과 속에 산다는 것은 당연한 이치다. 순간순간 의식 수준에서 작동하는 여러 세력의 복잡한 실체도 모르거니와 그 결과가 어떻게 나타날지도 예견할 수 없으니 말이다. 선조들의 생각처럼 우리는 모두 '비극적인 삶'을 살아간다. 인생이 어둡고 비운이 가득해서가 아니다. 우리의 분별력과 선택의 자유가 생각보다 훨씬 제한적이고, 불확실한 세상에서 선택을 내려야 하기 때문이다. 그래서 극심한 곤경에 처한 비극의 주인공은 고통을 통해 겸손해지고, 깨달음에 이르러 신들과 다시 올바른 관계를 회복한다. 너무 겸손해진 나머지 마지막에는 더 좋은 위치에 올라서고, 무의식적 오만에 빠져 자신이 주권을 가졌다고 착각하던 처음과는 달리 신들과 그들의 신비로운 뜻을 더 제대로 이해하게 된다.

〈오이디푸스Oedipus〉 이야기는 잘 알려져 있다. 오이디푸스는 친애하는 아버지와 결혼한 바로 그 여인을 아내로 맞았다. 소포클레스는 이 테베 가(家)의 이야기를 〈오이디푸스 왕Oedipus the King〉, 〈콜로노스의 오이디푸스Oedipus at Colonus〉, 〈안티고네Antigone〉 등의 작품으로 이야기한다. 오이디푸스가 왕좌에서 물러나고 신격화된 뒤, 내전이 벌어져 정치적인 통일체가 분열되면서 형제간에 피비린내 나는 싸움이 일어났다. 이 형제 전쟁에서 오이디푸스의 두 아들 에테오클레스Eteocles와 폴리네이케스Polynices가 죽는다. 통치 군주인 크레온Creon은 에테오클레스에게는 명예로운 장례를 베풀지만, 폴리네이케스는 반역자라고 비난하며 그의 시신은 묻지도 않고 모욕을 당하도록 두겠노라고 선포했다. 전쟁을 일으킨 두 형제의 여동생인 안티고네와 이스메네Ismene는 분열된 충성심으로 몹시 괴로워한다. 안티고네는 크레온의 지시에

5장 문학 작품에서 엿보는 회복탄력성

반기를 든다. 왕의 명령을 무시하고 신들의 의례를 따라 오라버니 폴리네이케스의 시신을 매장한다. 이스메네도 죽은 오라버니에 관해서는 안티고네만큼 안타까워하지만, 안티고네보다 훨씬 순응적이고 왕의 엄포를 두려워한 나머지 저항할 엄두를 내지 못한다. 이스메네는 말한다.

마땅히 내가 해야 할 일이겠지만,
나는 복종을 택하겠어요.
권위 속에 움직이는 그들에게…….
너무도 유약하게 태어난 나는
도시의 뜻을 거역할 수가 없어요.[3]

안티고네는 이스메네의 선택이 예고하는 바를 잘 알았다.

그 어떤 일을 당한다 해도
나는…… 명예롭게 죽는 편을 택하겠어.

자신의 가치를 위해 삶을 대가로 치러야 할 때, 우리도 안티고네처럼 굳건히 자기 뜻을 고수하리라 자신할 수 있을까? 우리는 어떤 선택을 내릴 것이며 그 이유는 무엇일까?

두 인물은 각자의 결심을 끝까지 고수한다. 우리도 콤플렉스 complex 즉 에너지를 머금은 자신의 역사가 발동할 때면 그렇게 된다. 우리는 심층심리학의 통찰을 통해서 완벽하게 의식적인 선택을 내리는 경우가 드물다는 것을 잘 안다. 대신 자신이 내면화했거나 별로 영향을 받지 않는다고 생각하는 환경적인 압박에 반응할 때 역사적인 힘의 영향을 받곤 한다. (1980년대 들어 뇌 연구가 진행되면서 우리가 대체로 무의식적이고 반사적으로 행동하며, 심지어 자아가 선택의 필요성을 인식하기도 전에 선택을 내린다는 사실이 널리 알려졌다.)

두 번째로 생각해 볼 점은 선택의 딜레마다. 우리의 선택을 좌우하는 것은 무엇일까? 보통 우리는 일상적이고 조건화된 방식으로 삶의 요구에 반응한다. 시간이 지나면서 여러 패턴이 쌓이지만, 각 패턴이 자신-삶이라는 장편 드라마의 유일한 등장인물-이 내린 구체적인 선택들의 결과라는 점은 거의 기억하지 않는다. 의식적 또는 무의식적으로 움직이는 회피, 적극적인 순응, 권력 욕구와 같은 패턴들은 전부 콤플렉스에서 비롯된다.

게다가 어려운 결정 앞에 설 때면 자기도 모르게 '권위'라는 숨은 문제에 걸려 넘어진다. 우리는 어떤 권위에 기초해 선택을 내릴까? 다른 누군가의 예일까, 아니면 자신의 자유로운 선택일까? 우리의 어떤 부분이 그 선택을 내렸을까? 진정한 의식(온전한 의식을 갖추었다고 가정할 때)일까, 아니면 매우 익숙하지만 우리의 역사 속에서 자율적으로 활동하는 에너지 덩어리 중 하나일까?

외적 활동의 측면에서 대다수 사람은 출신 가족이 전해준 단서, 훈계, 지침, 위협에 귀 기울이고 교육적, 종교적 가르침과 함께 태어나서 만난 사회적 계약을 준수한다. 설령 이것들이 자기 영혼의 의도와 진실성에 어긋날 때도 말이다. 융이 지적했듯 신경쇠약은 '의무의 충돌' 또는 내면에서 벌어지는 권위의 충돌로 인해 나타난다. 소크라테스를 생각해 보자. 자신에게는 부당하지만 아테네가 법에 따라 사형을 내렸을 때 그는 자신을 충직한 시민으로 여겼기에 판결에 승복해 기꺼이 독배를 마셨다.

안티고네도 곤혹스럽고 중대한 인생의 갈림길에서 삶 전체를 바꿔 놓을 위험한 선택을 내려야 했다. 도시국가에 대한 자신의 충실성, 문화적 규준, 부여된 권위와 자기 내면의 권위 사이에 붙잡혀 괴로워했다. 마찬가지로 시민의 의무와 종교적 서약이 충돌할 때 안티고네는 이 가치의 교차점에서 의도치 않은 희생자가 되었다.

안티고네는 시민의 의무에 따라 크레온에게 순종하고 반역을 저지른 오라버니의 시신에 매장의 예를 갖추지 말아야 했다. 그럼에도 안티고네는 남매 관계에 충실함으로 정중한 매장을 기대하는 신들의 요구에 순종해야 할 더 높은 의무가 있다고 주장했다. 이 얼마나 위험한 선택인지! 폭력 행위를 저지르는 정신병 환자, 비합리적 방식을 타인에게 강요하는 광신자, 강력한 콤플렉스에 사로잡혀 자신과 타인에게 해를 끼치는 사람은 하나같이 그 순간의 충동에 쉽게 휘둘리고 이후 합리화를 통해 이를 정당화한다. 오직 고통 속에서 이 딜레마를 제대로 겪을 때, 사태에 대한 양쪽의 합법적인 요구가 모두 확인될 때까지 견뎌낼 때, 선택의 결과를 기꺼이 감수할 때-버밍햄 감옥의 마틴 루서 킹 Martin Luther King Jr.과 나치 강제 수용소의 디트리히 본회퍼 Dietrich Bonhoeffer(독일 루터교회 목사이자 히틀러와 나치 독일에 저항했던 신학자-옮긴이)의 예처럼- 비로소 고통스러운 양극단 사이에서 '올바른' 판단을 내릴 자격이 있다.

융이 말했듯 '제3의 것'이 나타날 때까지 양극단의 긴장을 유지하는 것만이 자신에게 맞는 선택을 내리는 길이다. '제3의 것'이란 선택의 주체에게 심리적, 영적 발전을 안겨주는 선택으로서 특히 삶의 거대한 양극단 앞에 소환되었을 때 중요한 의미를 지닌다. 또한, 모든 경우에서 선택의 결과를 기꺼이 수용하는 모습에서 성숙한 결정이었음을 알 수 있다.

안티고네를 가리켜 양심을 지켜낸 영웅이라고 평가한다면, 크레온은 어떤 사람일까? 안티고네가 영웅적 인물이라면, 크레온은 비극적 인물이다. 그는 나쁜 사람이 아니다. 크레온은 키를 잡은 공동체의 보호자로서 국가에 봉사해야 할 임무를 안고 있다. 국가의 무결성을 지키려는 뜻에서 그는 이렇게 선언한다.

> 나라야말로 우리를 안전하게 지켜주는 방주요.
> 나는 이 원칙을 믿고
> 더욱이 도시를 발전시킬 것이오.

안티고네의 행동이 법과 질서의 권위에 대한 도전이 되자 크레온은 콤플렉스가 뿜어내는 분노에 휩싸여 안티고네를 처형하라고 명령한다. 그의 경직성, 오만한 추정, 절대주의가 그의 일족을 파멸로 이끌었다. 크레온은 반대자들을 위압해 자신의 의지를 관철시켜야만 하는 사람이었다. 그가 대중의 두터운 지지 속에 자신을 테베에서 가장 명망 있는 사람이라고 자부하며 즉위식에는 전례 없는 규모의 관중이 모이는 장면을 상상해볼 수 있다. 하지만 이 극의 결말에서 그는 비천해지는 경험을 통해 비로소 통찰력을 얻는다. 안티고네는 굳건한 의지를 지키지만, 크레온은 또 다른 고대 그리스 비극작가인 아이스킬로스Aeschylos가 말한 '끔찍한 신의 은혜'를 통해 깨달음을 얻는다.

한편, 맹인이자 자웅동체로서 양성을 다 살아보았다는 테이레시아스Teiresias라는 캐릭터의 증언도 의미심장하다. 그는 선견자로서 항상 진실만 말했지만 또 다른 유명한 그리스 신화 속 인물인 카산드라Cassandra의 경우처럼 그의 말을 듣는 자는 거의 없었다. 〈오이디푸스 왕〉에서 테이레시아스는 "지혜를 귀담아듣지 않는 것은 전혀 지혜로운 것이 아니다"라고 탄식했다. 저마다 콤플렉스, 기분 상태, 순간의 열기에 사로잡혀 있는데 과연 언제 지혜에 귀 기울일 것인가? 테이레시아스가 넌지시 안티고네의 주장을 지지하면서 죽은 자를 정중히 묻어주는 것이 신들의 뜻이라고 말하자, 크레온은 그가 부패해 '가짜 뉴스'를 말한다고 비난하고는 선견자의 신중한 조언을 거절한다. 이것이 크레온의 비극적 오류다. 크레온은 키르케고르가 말한 '윤리적인 것의 목적론적 정지'-단지 시민적인 것보다 초월적인 것에 헌신하는 것을 명예롭게 여기는 것-를 거절하는 오류를 범했다. 마찬가지로, 크레온은 아들 하이몬Haemon에게서 반대 조언을 들었을 때도 완강한 자존심을 드러내면서 자신의 절대 주권을 모욕했다며 분노를 터뜨린다. 결국, 테이레시아스는 쫓겨나고 신중한 그의 조언도 외면당한다. 크레온의 분노를 보며 예언자는 이렇게 말한다.

> 저분이 젊은이들에게 울화통을 터뜨리도록 그냥 두게.
> 더 온화한 말씨를 기르고, 지금과는 달리
> 더 침착하게 생각하는 법을 배우게 될 것이네.

때로는 지혜로운 고문도, 가족도, 새로 임명된 장군들도 광기에 휩싸인 왕을 자기 파멸에서 구해낼 수는 없다. 자신의 입지를 고수하려는 크레온의 광기 어린 태도 때문에 그의 아들, 그의 아내인 에우리디케Eurydice, 그리고 선의를 품었던 그의 사람들이 희생되었다. 왕좌를 둘러싼 싸움에서 승리한 크레온은 정작 중요한 것을 모두 잃어 버렸다. 그의 파멸을 가리켜 코로스는 이렇게 노래했다.

> 다른 이들의 손에 당한 것이 아니라
> 그 자신의 의지가 불러일으킨 것이오.

크레온은 충동 또는 콤플렉스에 이끌려 모든 것을 파멸로 이끄는 체스 말을 하나하나 옮겼다. 그의 비극적 결함은 나라의 법을 우선시한 데 있지 않고 오만하게 자신의 권력을 내세웠던 데 있다. '아무것도 무리하지 말라'는 희랍의 격언을 생각하자. 크레온의 결함은 무절제, 분노, 자신이 올바르다는 것을 추호도 의심치 않는 자만이었다. 그는 자신이 시민의 질서를 수호하는 올바른 편에 서 있다고 여기면서 오히려 시민 간의 분열과 양극화를 심화시켰다. 이럴 때 신들은 어쩔 수 없이 대규모 전차를 이끌고 인간의 정신적 갑옷을 뚫고 들어온다. 신의 뜻에 따라 결국 모든 것이 본래 균형을 찾아간다. 무언가 도를 지나칠 때, 네메시스nemesis(응보)와 소프로시네sophrosyne(신중함)를 비롯해 사태를 균일하게 만드는 우주적 힘들이 나타나 지나친 행위에 합당한 보상을 내린다. 그러면 우리는 오만한 비행에 실패했던 이카루스Icarus(그리스 신화에서 이카루스는 아버지의 경고를 잊은 채 태양을 향해 높이 날아가다가 태양의 열기 때문에 날개가 녹아 추락한다.-옮긴이)처럼 다시 추락하게 된다. 융도 이를 표현한 적이 있었는데, 이는 언제 들어도 오싹하다.

"내면에서 외면당한 것이 바깥세상에서 우리를 찾아올 때, 이를 가리켜 숙명fate이라 부른다."

비극적 비전의 목적은 인간을 망가뜨리는 것이 아니다. 오히려 양극단이 갈등하는 과정에서 자신을 검증하고 고통의 담금질 속에 속죄함으로써 지혜에 이르게 하려는 것이다. 마틴 루서 킹이 암살당하던 날 밤, 로버트 케네디Robert F. Kennedy는 인디애나폴리스에서 있었던 대중 연설에서 아이스킬로스의 〈아가멤논Agamemnon〉 중 결론 한 대목을 인용했다.

그런 즉…… 잠들어 있을 때도 도무지 가시지 않는 고통은 방울방울 마음 밭에 떨어져, 마침내 우리는 절박한 나머지 원치 않아도 지혜를 얻는다네. 가히 신께서 베푸

시는 오묘한 은혜일세.

궁전에 살던 주권자이며 탑 위에서 호령하던 참주라도, 겸손에 이르러 마침내 신들과 올바른 관계를 회복한 존재에 비하면 비천한 자일뿐이다. 가장 큰 죄악은 오만, 자기애적 팽창, 자신의 실체보다 자기가 더 뛰어나다고 믿게 만드는 각종 권력과 특권의 유혹이다. 〈안티고네〉의 코로스는 신들이 가져다주는 결과를 아래와 같이 노래하며 이야기를 끝맺는다.

결국, 자연과 신과 우리의 정신적 과정은 균형을 회복하는 힘을 드러낸다. 성과를 세운 곳에는 폐허가 따르고, 오만 속에 군림하는 자는 부끄럽고 겸허한 자리로 내려간다.

> 번지르르한 말로 으스대는 자들에게는
> 큰 타격이 준비되어 있는 법……
> 이로써 마침내 우리(모두)가 지혜를 깨닫는다네.

동굴에 갇힌 안티고네는 스스로 목숨을 끊는다. 하지만 안티고네는 오만함에서가 아니라 신들의 뜻을 따르려는 마음에서 자신의 가치를 지켰다. 크레온은 겸손의 지혜보다 자아의 의지를 고집했다는 이유로 주변 사람들이 등을 돌려 파멸에 이르렀다. 모든 인간에게 임하는 균형의 작용 속에서 그의 제국, 국가, 가족, 자신의 권력도 모두 무너졌다. 역사라는 무대 위에 펼쳐지는 삶이라는 플롯 속에 등장하는 배우는 우리 내면에서 서로 다투는 캐릭터들이다. 이 점을 기억하고 기나긴 시간 동안 신들이 우리에게 말하려 했던 바를 배우자. 신들은 수천 년을 가로질러 우리에게 자신의 한계를 깨달으라고 조언한다. 그리고 의식의 영역에는 없지만, 그동안 늘 자기 뜻을 관철하려 했던 내면의 존재를 새롭게 인식하라고 촉구한다.

햄릿의 싸움, 도주 아니면 마비

지금까지 숱하게 거론된 이야기 외에 〈햄릿Hamlet〉에 관해 덧붙일 말이 또 있을까? 이제 고전으로 자리 잡아 진부하기까지 한 내용 외에 할 말이 있을까? 연극 애호가인 두 노인이 〈햄릿〉 상연을 처음 보고 나오면서 주고받는 대화를 그린 만화를 본 적 있다. 한 노인이 "셰익스피어는 정말 똑똑한 작가였군그래."라고 말하자 다른 노인이 이렇게 대답한다. "과대평가된 것 같은데? 처음부터 끝까지 유명한 구절을 빼곡히 채운 것뿐이잖은가!"

이처럼 〈햄릿〉이 고전이 될 수 있었던 이유는 무엇일까? 시대가 바뀌고 대중의 취향이 끊임없이 달라지는데도 이 작품은 여전히 우리에게 메시지를 던진다. 왜 이 작품이 지금도 우리를 감동시키는 것일까? 셰익스피어가 심오하고 풍부한 비전을 가졌던 것은 맞지만, 그도 작품으로 먹고사는 사람이었으니 상업적 성공을 거둬야만 했다.

햄릿이 우리의 상상력 속에 오래 머무는 이유는 그의 '고착'이 우리에게 매우 친숙하기 때문이다. 햄릿은 자기를 선택하지 않으면 이에 따른 여파를 불러일으키겠다는 '콤플렉스' 사이에 발이 묶였다. 우리도 자주 경험하듯이, 햄릿의 콤플렉스 문제는 자신에게 올바른 선택이 무엇이며 자신의 소명이 무엇인지 '알지만' 무슨 이유에서인지 이를 깨닫지 못해 행동하지 않는 것이다. 성 바울로는 〈로마인들에게 보낸 편지Letter to the Romans〉에서 "나는 선이 무엇인 줄 알면서도 선을 행하지 않는다."라고 말한다. 그 이유가 자못 궁금하다. 무의식에 관해 잘 알지 못했던 바울로는 이런 내적 싸움의 원인이 헬라어로 '의지박약'을 뜻하는 '아르카시아arkasia'에 있다고 보았다. 오늘날 우리는 정신적 내면에 출몰해 영향력을 행사하는 분열된 힘, 덜 성숙한 인격체가 있다는 사실을 알고 있다. 이들은 쉽게 흔들리는 자아의식의 지식이나 통제력과 별도로 작용한다. 햄릿의 문제는 매우 흔한 것이었다. 우리에게도 이 우울한 덴마크인의 분열된 정신이 있으니 말이다. 이 정신 속에는 서로의 존재를 모르는 어두운 인격체들이 가득한데, 이들이 서로 마주칠 때면 썩 잘 어울리지 못한다.

나는 〈햄릿〉이야말로 최초의 진정한 근대적 텍스트이며 주인공 햄릿이야말로 최초의 진정한 근대인이었다고 생각한다. 4세기가 지난 지금도 햄릿이 우리에게 그토록 친숙한 것은 그가 자신의 최대 문제는 자기 자신이라는 점을 뼈저리게 깨달았기 때문이다. (우리도 그렇다.) 그는 자신이 자기 안에 갇혀 있다는 것을 알았다. (우리도 그렇다.) 아무리 남을 탓하고, 푸념을 늘어놓고, 신들에게 빌고 또 빌어도 그를 자신에게서 구해낼 수는 없다. 셰익스피어는 이 작품을 비극이라고 칭했지만, 이 작품이 표현하는 더 정확한 특징은 아이러니가 아닌가 싶다. 비극과 희극에서는 고통을 거친 끝에 통찰력을 얻든, 웃음을 통해 해방감을 얻든 여하간 구원이 일어난다. 비극과 희극에서는 우주적 질서가 회복된다. 아이러니한 상황에서는 깨달음과 통찰이 있지만 구원, 회복, 성장은 따라오지 않는다. 〈햄릿〉의 각 등장인물은 자신의 제한적 모순을 꿰뚫어 보고, 파악하고, 그 모순과 직면하지만 모두 자신이 처한 고통을 행동, 변화, 전환으로 바꾸지 못한다. 우리가 그렇듯 고착 상태를 유지하면서 자신이 빠져 있는 구덩이 속으로 더 깊이 파고 들어간다.

앞서 본 것처럼 정신분석에서는 고착을 초래한 내적 '정신-논

5장 문학 작품에서 엿보는 회복탄력성

리'를 표면 위로 드러내 고착 상태에서 벗어나려는 사람들을 다룬다. 우리 모두가 마찬가지다. 자신의 고착이 가진 은밀한 논리를 알아차리고, 내면의 저항을 뿌리치고, 고착에서 벗어날 때 느끼는 불안을 직면하기 전까지는 고착 상태에서 빠져나올 수 없다. 적어도 정신적 마비 상태에서 행동으로 옮겨가려고 시도해야 한다. 우리의 형제인 햄릿을 들여다보면 우리 모두가 부딪치곤 하는 딜레마를 좀 더 깊이 살펴볼 수 있다.

햄릿의 상황을 자세히 살펴보자. 덴마크 왕권이 혼란에 빠지고, 왕은 살해되었으며, 왕비는 죽은 왕의 동생과 재혼했다. 누군가 강력한 존재가 나타나 신속히 방향을 잡고 왕위를 이었으니 잘된 것 아니냐고 생각하는 사람도 있을 테지만, 독일 비텐베르크에서 동기들과 수학하다가 급하게 귀국한 대학생 햄릿은 이 혼란스러운 사건 앞에 몹시 당황한다. 당시 관객은 비텐베르크가 기존 가톨릭 질서에 의문을 제기한 젊은 수사 마르틴 루터 Martin Luther로 인해 혼란에 빠졌던 곳임을 잘 알고 있었다. 미숙한 분노와 호르몬 변화가 일으키는 동요에 더해 젊은 햄릿은 큰 낙심에 빠져들었다. 아버지를 잃은 것도 모자라 어머니가 그새 딴 마음을 품고 '패륜의 침상'에 들었기 때문이다. 햄릿은 자기 목숨을 끊으면 안 된다는 신성한 금기만 아니라면 상실감, 죄책감, 수치심이 빚어내는 이 혼란을 끝내버리고 싶다는 생각에 뭉그적거리며 시간을 끈다.

한편, 다른 소란도 일어나고 있었다. 보초병들이 성벽 위에서 유령을 목격했는데, 성 주위를 떠돌던 이 혼령은 분명 격앙되어 있었다. 이야기를 전해들은 햄릿이 성벽에서 보초병들과 함께 있을 때 아버지의 혼령이 나타나 사실 누군가 자신의 귀에 독을 부어 자신을 살해했고 아내는 그 살인자와 혼인했다고 털어놓는다. (대학생에게는 아버지의 수표가 부도나 등록금을 못 내게 되었다는 소식보다 더 당황스러운 상황이리라.) 햄릿은 큰 충격에 빠졌지만 그 혼령과 그가 전하는 말이 진짜임을 알고 있다. 아버지를 죽인 살인자와 남편을 배신한 어머니에게 복수하는 것은 이제 햄릿에게 달린 문제다. 모든 덴마크인이 이 정당한 복수를 지지하고 인정해 줄 테지만, 그의 세계가 통째로 뒤바뀐 것만은 분명하다. 햄릿이 알고 있었거나 당연시했던 것 중 예전 모습 또는 안정된 상태를 유지하는 것은 없다. 이에 대한 그의 탄식은 충분히 이해할 만하다.

지금 세상은 뒤죽박죽이구나. 이 얼마나 기구한 팔자인가,
제멋대로 돌아가는 세상을 바로잡을 사람이 나라니![4]

대학생이 원하는 것이라곤 무난한 수업, 토요일 밤의 데이트, 집에서 보내 주는 든든한 재원이 전부다. 그런데 이런 일이라니!

말이나 되는 소리인가? 이런 과도기를 겪고 싶은 사람이 어디 있겠는가?

햄릿은 굳은 각오를 했지만, 마음속에서는 이 갈등으로부터 도망치고 싶은 마음이 정의를 바라는 마음보다 훨씬 큰 까닭에 자연히 복잡한 감정이 들끓었다. 번뇌에 찬 그의 대사를 읽다 보면 우리도 살면서 익숙하게 마주했던 의혹, 합리화, 회피, 체념의 메아리가 들린다.

사느냐, 죽느냐, 그것이 문제로다.
이 세상이 안고 있는 극심한 소용돌이 속으로 들어갈 것인가, 아니면 세상이 내미는 고통스러운 요구를 피할 방법을 찾을 것인가?

어떻게 하는 것이 더 고귀한 선택인가.
무자비한 운명의 화살에 맞더라도
마음속의 고통을 감내할 것인가.
눈 딱 감고 시류를 따라 그저 하루하루 보낼 수도 있다.

아니면 몰아치는 고난의 물결을 힘으로 막아내
기어코 싸워 없앨 것인가.

죽어 잠들면 그뿐이겠지.

잠들어 끝을 고함으로써

쓰라린 가슴과 육체가 맞을 온갖 고통에서 놓여난다면

그야말로 온 마음으로 바랄 극치가 아니겠는가.

다시 유년기의 잠 속에 빠져들어 정신을 놓고 고통에

무감각해질 수도 있다.

만약 그곳에서도 나를 내버려 두지 않는다면?

죽어, 잠든다-

잠들면, 꿈속으로 빠져들겠지-

아, 그게 마음에 걸리는군.

삶이라는 필멸의 얽힘에서 놓여나

죽음의 깊은 잠에 들었을 때

과연 어떤 꿈을 꾸게 될지,

생각해보노라면 잠시 망설여진다.

아, 오늘날 미국이 꾸고 있는 꿈이다.

'다 잘 될 거야. 다 잘 될 거야.'

그저 나쁜 꿈을 꾼 거야. 이렇게 환상의 나라로 도망쳐,

복에 겨운 내세를 누리고, 다시 위대한 미국을 만들 수

있다면 좋으련만. 그러나…….

그러나 그것은 죽음 뒤에 찾아올 이름 모를 것이 두려
워서겠지.
드러나지 않은 저 세계, 그곳에 들어간
나그네 중에는 돌아온 자가 없기에,
우리의 의지를 흔드는구나.
차라리 이승의 괴로움을 견뎌냄이 낫지 않겠나,
알지 못하는 저세상으로 날아가는 것보다 말이야.
모르는 악마보다 아는 악마가 낫다.

그러고 보면 우리 모두를 겁쟁이로 만드는 것은 양심이다.
올곧은 결의의 기운찬 혈색을 시들게 만드는 것은
창백한 생각의 일격…….
결국 그렇게 행동할 힘을 잃고 만다.

　　4세기 전에 쓰였지만 위 구절은 콤플렉스를 완벽하게 묘사하
고 있다. 우리의 일부는 자아와 분리되어 자율적으로 활동하면
서 우리를 정지시킬 힘을 지니고 있다. 모든 사람이 원시적인 두
려움, 태고의 공포, 강력하고 충격적인 타자에 대해 흐릿하게나

마 기억하고 있다. 이 존재는 우리를 정지시키고, 가던 길에서 발이 얼어붙게 만들며, 몹시 싫어하는데도 우리를 떠나는 법이 없는 태고의 '싸움 혹은 도주' 패턴을 일으킨다. 이 작품에서는 우리의 실행력을 짓밟고, 우리를 오래된 공간 속에 얼어붙게 만들고, 인적 없는 해변 같은 익숙한 정체 상태에 우리를 좌초시키는 명백한 정신적 에너지를 가리켜 '생각의 파리한 병색'이라고 표현했다.

　모두가 그런 것은 아니지만, 많은 청년이 청소년기 후기와 성인기 초기에 불안 속에 몸부림친다. 뇌에서는 여전히 좌우 반구가 성장하며 더 많은 연결을 맺어 가고, 자아는 호르몬 분출과 충동적 행동에 좌우된다. 부모는 혼란에 빠진 젊은 자녀가 미친 것 같다면서 자기가 누리는 특권도 깨닫지 못하는 골칫덩어리라며 어찌할 바를 몰라 발을 동동 구른다. 폭풍우 같던 그 시절을 돌아보며 후회와 당혹감과 원통함을 느끼지 않는 사람이 있다면, 이례적으로 단조로운 삶을 살았거나 그 시절 내내 정신을 놓고 지낸 까닭에 기억나는 바가 없는 사람이다. 이만큼 살아낸 것을 생각하면 놀랍기만 하다. 운이 매우 좋았거나 헤아릴 수 없는 신들의 은혜가 있었기에 여기까지 온 것이다.

　햄릿은 어떤 한 사람이라고 규정할 수 없고 그를 해석할 유일한 방법도 없다. 다채로운 해석을 낳는 로르샤흐^{Rorschach} 검사(잉

크 얼룩 카드로 심리 상태를 알아보는 검사-옮긴이)처럼 연령대에 따라 자신의 욕구, 그림자, 맹점을 햄릿에 투사한다. 물론 나는 이 덫을 피해서 앞서 이미 소개한 나만의 해석을 말해보려 한다.

정신분석가라는 직업의 영향은 받았을 것이다. 나는 우리 각자의 내면에 햄릿이 있다고 생각한다. 우리 중에 때때로 또는 매일 개인적, 문화적 역사의 각본, 지침, 결과를 따르다가 콤플렉스에 빠지지 않았던 사람이 있을까? 눈앞에 괴로운 일이 벌어질 때 주저하고, 타협하고, 뒤로 미루고, 합리화하고, 남을 비난하고, 주의를 다른 데로 돌리지 않았던 사람이 있을까? 인생에서 가장 나쁜 것은 다름 아닌 자신에게서 나온다는 것을 깨닫지 않은 사람이 있을까? 날마다 갖가지 상황에 부딪치면서도 굳건한 자존감, 과감하게 대처하는 민첩한 재능, 굳은 결의로 자기 앞에 닥치는 인생의 문제를 헤쳐 가는 사람은 얼마나 될까? 내면에서 일어나는 저항과 분열과 소용돌이 그리고 여러 동기와 문제들이 상충하는 것을 아직 모르는 사람이 있을까?

햄릿이 우리에게 매우 익숙한 모든 행동을 했다는 점, 사태의 결과를 초래한 장본인은 자기라는 사실을 인식했다는 점, 비록 압도적인 외부 상황이 많았으나 그보다는 햄릿 자신, 즉 그의 성격이 그를 옥죄었다는 점을 생각해보면 그는 이 시대를 살아가는 우리와 같은 처지다. 햄릿이 자기 인생을 망친다면 우리도 그럴 것이다. 그가 자리를 털고 일어나 모든 것을 다시 한번 해결하겠다며 나선다면, 우리도 마찬가지일 것이다. 햄릿이 우리의 형제라고 말하는 것은 과언이 아니다.

우리도 햄릿과 매우 비슷한 곤경에 처한다. 우리는 절대 이야기의 완전한 진실에 도달할 수 없고, 무슨 일이 벌어지고 있는지 거울 보듯 선명하게 알 수도 없지만 마치 다 알고 이해하는 것처럼 행동해야만 한다. 그러다 일을 망친다면 우리도 햄릿과 같은 무리에 들어가는 것이다. 햄릿이 우리에게 요청하는 것은 그를 기억하라는 것뿐이다. 그러니 그를 마음속에 품고 그의 이야기를 새기면서 아직 끝나지 않은 자기 일을 살펴보자.

〈프루프록〉 한 번도 불리지 않은 노래, 영원히 경계선에 선 인간

내가 감히
우주를 뒤흔들 수 있을까?
짧은 순간이라도 시간은 충분해.
단 1분이라도 마음을 먹고 그걸 또 뒤집을 시간은. [5]

《앨프리드 프루프록의 사랑 노래 The Love Song of J. Alfred Prufrock》는 T. S. 엘리엇이 1909년에서 1911년 사이에 써서 1915년에 출간한 시집이다. 이 책은 단 500부만 인쇄되었는데 초판을 소진하는 데 꼬박 7년이 걸렸다. 하지만 오늘날 이 시집은 20세기의 가장 중요한 시집 중 하나로서, 독창적인 스타일과 더불어 거대한 이행기에 걸려든 한 사람의 내면을 탁월하게 묘사했다는 평가를 받고 있다. 이 시에는 이 세상이 들어야 하지만 끝내 불리지 않은 노래가 들어 있고, 욕망과 금지의 양극단 사이에 놓인 고통스러운 중간 지대를 엿볼 수 있다. 이 중간 지대는 한 사람에게 자유와 상처를 모두 안겨주는 지식 때문에 생긴다. 이 시가 사랑 노래라면 사랑의 실패, 후회, 정체, 지옥의 어둠에 대한 노래라고 할 수 있다.

프루프록도 우리처럼 혹은 우리 일부처럼 그저 하루하루를 살아내려고 애쓴다. 자신의 생각보다 훨씬 크고 강력한 세상 속에서 방황한다. 모든 아이가 그렇듯 그도 남들의 인정이 자신을 좌우한다는 사실을 배웠기에 끊임없이 자신을 남과 비교한다. 대다수 사람처럼 프루프록도 그다지 자신을 좋아하지 않는다. 아는 것도 많지만 어느 것 하나 그를 해방시켜주지 않는다.

이 시는 단테의 《신곡》 중 〈지옥 Inferno〉 편 일부를 인용하는 제사獻詞(책의 첫머리에 그 책과 관계되는 노래나 시 따위를 적은 글-옮긴이)로 시작된다. 단테의 시에서 이 내용을 읊은 인물은 이승에서 내려온 방문객에게 거리낌 없이 자기 이야기를 털어놓는다. 지옥에서 살아 돌아간 자가 없기에 수치스러운 자기 이야기를 널리 퍼뜨리지 못할 거란 생각에서다. 그래서 이 구절은 독자에게 고백하는 방백이다. 독자도 자신이 만든 지옥 속에 갇혀 영원히 그 여파를 감당하는 사람이라고 보는 것이다.

프루프록의 이름만 봐도 그의 양면성을 알 수 있다. 앨프리드 J. Alfred는 거창한 선언인 동시에 과시적이고 우쭐하는 태도를 나타낸다. 그의 성 프루드 prude(직역하면 얌전한 체하는 여자-옮긴이)와 프록 frock(허리 품이 잘록하고 아랫단이 무릎까지 내려오는 남성용 외투-옮긴이)은 뭔가 나약하면서도 부자연스러운 특성을 나타낸다. 시 전체에서 이러한 중간자적인 이미지가 등장한다. 황혼녘의 안개를 헤치고 '마취된 듯' 걸어가고, 실제로는 절대 입 밖에 꺼내지 않을 중대한 '질문'이 거듭 언급된다. 끊임없이 자신을 영웅적 인물(미켈란젤로, 세례 요한, 나사로, 햄릿)과 비교할 때 확인되는 격차, 여성과 이야기를 나누고 싶지만 자신을 시시하다거나 심지어 우습게 여기고 거절할까 봐 두려워하는 마음이 드러난다. 이렇게 프루프록은 삶의 마디마디에서 욕망, 포부, 한계, 두려움, 수치심의 틈에 끼어 있다.

삶에 발을 내디디고 싶지만, 그에게는 존재할 장소로서의 시간이 아니라 '백 번 주저하고 / 백 번 상상하고 수정할' 시간만 있을 뿐이다. 한편으로는 영웅이 되고픈 포부가 있지만 "나는 내 인생을 커피 스푼으로 측정해왔으니까."라며 단념한다. 프루프록은 삶이 너무 버겁다고 생각하고, 자신을 채찍질하는 이런 삶보다 식물처럼 아무런 의식 없이 사는 게 낫다고 결론짓는다.

고요한 바다 저 밑바닥에서 허둥지둥 도망가는
게의 깔끄러운 집게발 한 쌍이었더라면 좋았을 것을.

그는 자의식이 너무 부족한 나머지 죽음조차도 그를 달가워하지 않을 거라고 상상한다.

영원한 종복이 내 코트를 들고 킬킬 웃는 것도 봤어.
결국 난 두려웠던 거야.

삶의 거대한 심리극에서 그는 적어도 햄릿이 겪은 영웅적 분투를 해 보고 싶지만, 정작 자신에게 부여할 수 있는 최선의 역할은 거드름을 피우며 새로운 면이라곤 찾아볼 수 없는 우스꽝스러운 노인 폴로니어스Polonius(햄릿의 선왕을 살해한 클로디어스의 심복-옮긴이)다.

프루프록은 끝까지 밀고 나가지 못하고, 영웅처럼 자신의 욕구를 좇는 주도적인 삶에 한 발자국도 들이지 못한다. 대신 자신이 곤충, 물에 빠져 죽는 사람, 조롱당하는 인물 같다고 느낀다. 자기 살갗에 갇히고, 더 심하게는 자신의 두려움, 나아가 자기에 관한 그만의 '이야기'에 갇힌 그는 자기 안에 자연이 심어둔 회복탄력성을 절대 맛보지 못한다. 고된 시절을 헤쳐 가도록 도와주는 힘이 거기 있는 데도 말이다.

학자들은 〈프루프록〉과 〈황무지 The Wasteland〉 모두 엘리엇 자신의 심리적 분투를 반영한다고 판단하는데, 그의 묘사들은 매우 친숙한 느낌을 준다. 자신을 깎아내리는 우리의 행동, 다른 사람들이 나를 어떻게 여길까 하는 조바심에 끊임없이 두리번거리는 우리의 모습, 살면서 이루고픈 것이 있는데도 이에 저항하는 나약한 의지에 대한 우리의 한탄을 되울려주기 때문이다. 삶에 대한 영웅적 비전을 끌어내리고 비극적 비전을 왕좌에 앉힌 시대에 우리에게 남은 것은 영웅적 면모를 잃어버린 배우의 모습뿐이다. 그날그날 때우기 위해 분투하고, 날이 갈수록 뒤처지며, 자신과 남을 비난하고, 내가 얼마나 망가졌는지 남들이 모르길 바라며 사는 것이다. 햄릿이 우리의 형제라면 프루프록은 우리 자신 또는 적어도 우리의 일부다.

안티고네와 햄릿이 직면한 원형적 딜레마는 삶에 대한 비극적 비전을 불러일으킨다. 삶이 '비극적'인 이유가 언젠간 죽기 때문은 아니라는 점을 꼭 기억하길 바란다. 우리는 자연적인 피조물이니 죽는 것이 당연하다. 비극적 관점은 우리가 신들과 끝없이 투쟁하고, 위험 많은 이 행성에 잠깐 왔다 가는 동안 의미를 얻고자 무한히 노력하고 있음을 인식하는 것이다. 비극적 인물은 이런 포부에 죄책감을 느끼지 않는다. 앞서 본 것처럼 비극적 인물이 부끄러워하는 것은 오만, 추측, 자만심뿐이다.

그래서 비극적인 영웅은 '패배' 속에서도 전보다 더 풍성한 결말을 맞이한다. 신들과의 올바른 관계를 회복하기에 그렇다. 아담과 이브, 프로메테우스, 오이디푸스 등을 생각해 볼 때 가장 오래된 죄명은 억측이었다.

수천 년 전 아이스킬로스가 썼듯, 신들은 우리가 고난을 통해 지혜를 얻도록 운명을 정해 놓았다. 이때 지혜란 신들의 뜻과 조화를 이루는 것을 뜻한다. 이 점에 트집을 잡을 때마다 우리는 자아 팽창에 빠져들어 결국 파멸에 이른다. 비극적 비전에서 지혜는 자만심이나 오만이 아니라 겸손에서만 얻을 수 있다.

> • 우리는 풍부하고 정교하며 생산적인 생각을 할 수 있지만, 지혜는 자연을 '패배시키는' 것이 아니라 자연과 조화를 이룰 때 비로소 얻을 수 있다.

자신의 심리극에 존재하는
신들 찾아내기

비극적 비전에서 신들은 기억되고 존중받으며, 인간의 좁은 식견으로는 이해할 수 없는 그들의 신성한 방식으로 실현된다. 이에 관해 융이 내놓은 여러 의견 중에서도 신에 관한 그의 유명하고 특이한 정의를 살펴보면 그가 얼마나 깊이 신비를 인정했는지 알 수 있다. 그가 죽음을 앞두고 있을 때, 미국 잡지 〈굿하우스키핑Good Housekeeping〉의 한 기자는 그가 말하는 신이 무엇을 의미하는지 물었다. 융은 이렇게 대답했다.

"나는 오늘날까지 나의 의도적인 길을 폭력적이고도 무자비하게 방해하고, 나의 주관적인 관점과 계획과 의도를 어지럽혀 좋은 방향이든 나쁜 방향이든 내 삶의 경로를 바꿔 놓은 모든 것을 신이라고 불렀습니다."[6]

그 어떤 조직화된 종교나 민간 개념에서도 이러한 신의 정의는 찾아볼 수 없다. 하지만 이는 매우 도전적이면서도 동시에 우리를 겸허하게 만드는 정의다. 신들이 때로는 두려울 만큼 우리 뜻과 상관없이 움직이고, 그들이 세계와 인간의 영혼을 따라 움직일 때면 불가사의한 신비를 나타내기에 우리가 자신의 몫을 알고 겸손하기를 촉구하는 것이다.

비극적 경험이란 적극적으로 고통을 감내하고, 성서에 나오는 야곱처럼 어둠의 천사와 적극적으로 겨루는 것이다. suffering(고통)과 비슷한 말인 pathetic(애처로운)은 파토스$_{pathos}$ 즉 '고통'에서 유래했는데, 그 태도가 수동적인 것을 뜻한다. 프루프록도 적극적인 고통을 잘 알았다. 미켈란젤로, 햄릿, 그 외 여러 사람에게서 이를 보았기 때문이다. 그러나 그는 푸념을 늘어놓았다. 자신의 숙명을 저주해 이 세상에서 실현할 수 있었을지도 모를 운명을 망쳐 놓았다. 비극적 고통은 깊이와 위엄이 있어 영적인 미덕으로 여겨지지만, 수동적 고통은 그저 한심할 뿐이다.

우리는 아이러니가 잘 드러나는 중간 지대에서 삶의 대부분을 보낸다. 알지만 실행하지 않는다. 깨닫지만 달라지지 않는다. 불평하고 트집 잡지만 어떤 존재가 되지는 않는다. 왜 그럴까? 프루프록이 말한 것처럼 두려워서 일까? 대개는 그렇다. 상상력이 부족해서일까? 그렇기도 하다. 우리의 모든 콤플렉스와 정신적 동력의 한계는 시야가 좁다는 것이다. 우리의 잘못된 점을 바로잡아 주려는 꿈과 정신 병리를 진지하게 받아들여야 하는 이유도 여기에 있다.

문학 작품 속의 등장인물이 나타내는 병리, 선택의 범위, 생각을 정돈하는 방식, 딜레마, 책략, 고백, 실패와 승리, 자기기만, 때때로 의식이 확장되는 순간들을 살펴보면 우리의 이해, 우리의 표현 방식, 우리 삶 속에서 자유를 누릴 가능성의 지평을 넓힐 수 있다.

자기 안에 안티고네의 딜레마가 있다는 것을 깨달았다면, 두려움이 자신을 꼼짝 못하게 만든다고 할지라도 가치를 수호하는 사람이 되도록 노력해야 한다. 하지만 안티고네가 고된 노력 끝에 명료한 진리를 얻고 낮은 자세로 진리를 추구함으로써 신들 앞에 섰다고 해서, 감상에 젖어 안티고네만 기억해서는 안 된다. 그 반대편에서 크레온이 낡고 번지르르한 권력 콤플렉스의 나락으로 얼마나 쉽게 떨어졌는지도 기억해야 한다. 이 콤플렉스는 나약한 자들이 찾는 최후의 보루다. 삶이 자기에게 요구하는 행동에 나서지 못하고 주저하는 햄릿의 모습에서 미끄러지고 자빠지며 비루한 핑계를 늘어놓는 자신의 모습을 볼 수 있다면, 정체나 중간에 머물러 있는 것이 아닌 행동만이 비로소 구원에 이르게 한다는 사실을 배울 수 있다. 프루프록의 변명에서 위험을 무릅쓰고 무언가에 전념하지 못하고 계속 문제를 안고 있는 자기 모습이 보인다면, 저 멀리 암울한 어떤 곳이 아니라 바로 이곳이 지옥이 될 수 있다는 점 정도는 알 수 있다. 우리가 지옥에 살고 싶지 않다면 영원히 멈춰 있기보다는 좌충우돌하면서 위기를 뚫고 다른 세계로 들어가야 한다.

본 장에서 읽은 각 문학 작품 속 이야기는 '사례 이력'이며 우리는 여기에 붙는 추가 문단 또는 주석이다. 우리의 이야기가 어떤 결말을 얻을지, 우리 영혼이 삶에서 어떤 모습으로 나타날지는 여전히 우리에게 달려 있다. 위험을 무릅쓰고 무대 위에 나타난 삶의 여정이 내게 가리키는 곳으로 우리는 뛰어들어야 한다.

6장

◆

치유란 무엇인가?

하지만 종종, 세상에서 가장 북적이는 거리에서도

하지만 종종, 소란스럽게 다투는 가운데서도

우리의 파묻힌 생명을 알고 싶어 하는

형언할 수 없는 욕구가 솟구치나니

그것은 진정한 우리만의 길을 찾아가려는

우리 안의 불꽃과 잠재울 수 없는 힘을 사르고픈 갈증이다.

우리 마음속 저 밑에서 세차게 고동치는

심장의 신비를 풀고 싶은 갈망이다.

우리 인생이 어디서 와서 어디로 가는지를 알고 싶은 마음이다.

- 매튜 아놀드

치유healing의 진정한 의미는 무엇이며, 내면에서 더 많은 치유가 일어나게 하려면 어떻게 해야 할까? 자신과 세상의 치유를 촉진하는 일이 각자에게 달려 있다면, 자연은 그 회복 과정에서 무엇을 발판으로 삼으며, 영혼은 어떤 의도로 어떻게 움직일까? 여기서 우리는 어떤 역할을 하는 것일까? 의식과 학습은 이 과정에 도움이 될까, 방해가 될까?

내가 저술한 《인생 후반전을 앞두고 점검해야 할 것들Living an Examined Life: Wisdom for the Second Half of the Journey》에서는 더 풍성하고 만족스러운 삶으로 안내하는 21가지 과제를 제안했다. 이 작업, 과제, 권고는 우리가 알든 모르든 우리 내면에서 일어나고 있다.

여기서 우리의 의식은 협조자일 수도 있고, 문제 해결을 궁리하는 데 있어 방해자가 될 수도 있다.

21가지 작업 중 치유에 관여하는 주요 과제를 골라보면 아래와 같다.

개인적 권위 회복하기: 모든 사람은 처음부터 개인적 권위를 가지고 있으며 이를 가리켜 본능이라고 한다. 우리의 몸과 영혼은 자기에게 알맞은 것을 알고 있지만, 여러 적응 과정에서 우리는 자신의 원초적 앎과 분리되어 왜곡된 삶의 전략을 구사하게 된다. 개인적 권위를 미뤄 놓고 내리는 모든 선택은 때가 되면 자기와 어긋난다는 것이 드러날 가능성이 크다.

성숙한 영성 기르기: 성품이 무르익듯 영성도 무르익는다. 두려움을 관리하려고 애쓰는 것은 영적인 삶을 어떻게 망가뜨릴까? 우리의 영성은 신비Mystery가 지니는 오묘함을 보존하는 것일까, 아니면 우리의 콤플렉스를 인정하고 이를 강화하는 이미지와 관행을 만들어내는 미묘한 시도일까? 영성은 우리가 성장하고 전진하는 데 필요한 만큼 우리를 불편하게 만들까, 아니면 유년기의 잠을 영속시킬까?

행복보다 의미 선택하기: '행복'한 상태란 전적으로 맥락에 의존하고 모든 사람에게 제각기 다르며 일시적이다. 영속적 행복을 얻기란 지금으로부터 몇 달 뒤의 날씨를 예측하는 일이나 다름없다. 행복은 특정 장소, 지속적 태도, 어느 존재 상태도 아니기 때문이다.

위 내용은 긴 실행 목록 중에서 세 가지만 고른 것이다. 이 실천 사항들은 우리가 자신의 정신적, 신체적, 심리적 안녕을 이루는 데 협력 관계를 맺고 있음을 보여 준다. 삶이 제대로 진행되고 있다는 느낌은 저절로 주어지지 않는다. 현장에 나타나 책임을 다하라며 우리를 끊임없이 소환하는 대화에 파트너로 참여해야 한다. 한 그룹의 수준은 그 안에서 가장 뒤처진 구성원의 의식 수준을 넘지 못하듯, 어디서든 자기를 외면해 전체적으로 전진하지 못하고 있다면 우리의 안녕도 그 수준에 머무르고 만다.

이 시대에 관찰되는 경향 하나는 무언가 잘못되었다는 인식이 커지고 있다는 점이다. 전반적으로 우리는 선조들이 고대하던 생활 여건을 영위하게 되었지만 문화적으로는 뜻 모를 불편함 속에서 허우적대고 있다. 점점 더 많은 사람이 삶이 제공하는 것-목적의식을 갖고, 일에서 정서적 만족을 얻고, 권력과 부와 안전보다 더 큰 무언가에 가치를 둘 방법-을 이제 자기가 결정해야 한다는 사실을 깨닫고 있다. 주변 사람과 잘 어울리고, 남들의 비위를 맞추고, 문화적 기대를 충족하기보다는 자기가 옳다고 생각하는 대로 두려움 없이 선택할 줄 알아야 한다고 생각하는 사람이 늘고 있다. 얼마 전 나는 금융회사에 다니며 높은 수입을 올리던 삶을 접고 사회복지사 교육을 받고 있는 옛 제자와 이야기를 나눴다. 그는 그 결정을 내릴 당시 "어느 쪽이든 대가가 따를 테지만, 사회복지사가 되기 위한 준비 비용보다 시도하지 않았을 때 생기는 미련이 더 고통스러울 것"이라고 했다. 지금 그는 곤경에 처한 사람들을 수시로 만나는 일을 하고 있는데, 이보다 더 마음에 드는 일은 없다고 한다. 그는 위험을 무릅쓰고 자기 내면의 심연으로 뛰어들었고, 그 안에서 무언가가 자기를 응원하고 끝까지 붙잡아주고 새로운 방식으로 자기에게 보상한다는 것을 깨닫게 되었다.

누구든지 이런 목적을 찾고, 자연이 선사한 회복의 힘을 공급받으려면 치유의 과정을 거쳐야 한다. 어렸을 때는 이 근원에 가까이 있었지만, 하루하루 일상에 적응하다 보면 자신의 심리적 고향을 등지고 멀리 떠나게 된다. 치유를 위해서는 신성 또는 자연과 연결된 회복탄력성, 욕구, 자연이 제공하는 강인함과 인내력의 자원을 가득 보유하고 있는 심리적 고향으로 돌아가야 한다. 결국, 자연은 우리가 생존하길 바란다. 하지만 생존을 넘어 우리를 통해 자신을 표현하려는 바로 그 존재가 됨으로써 거대한 존재Being에 이바지하길 바라고 있다.

내가 생각하는 치유의 과정에는 일반적으로 다음 7가지 원칙이 따른다. 일부는 명확해 보이지만 일부는 그렇지 않다. 지금부터 하나하나 살펴보자.

1. 우리는 본성상 생존하고, 자신의 여정을 걸어가고, 어떤 존재가 될 준비가 되어 있다.

인간이라는 특별한 동물은 매우 복잡한 종인 까닭에 스스로 앞가림하기 전까지 기나긴 보호 기간이 필요하다. 어떤 동물은 태어나자마자 몇 분 만에 혼자 힘으로 일어선다. 하지만 우리는 자연이 우리에게 생존에 필요한 자원을 부여했다는 사실을 잊어버린다. 릴케가 초조해하는 젊은 시인의 푸념에 내놓은 대답처럼, 우리는 자신에게 가장 잘 맞는 요소를 가지고 삶의 무대에 내려왔다.

모두가 알고 있듯이 본성만으로는 모든 장애물을 헤쳐갈 수 없다. 우리가 제힘으로 앞가림을 할 수 있을 때까지 자연이 선사하는 회복탄력성을 끌어내고 우리를 든든히 받쳐줄 숙명의 도움도 필요하다.

2. 힘이 없는 우리는 적응이 필수이며, 상황을 이해하려고 '이야기'를 만들어낸다.

상상력도 우리의 관리 기제 중 하나다. 삶은 갖가지 자극이 터져 나오는 거대한 장이며 우리는 절대로 이를 완전히 이해하거나 흡수할 수 없다. 인간이라는 특별한 동물이 삶에 내재한 여러 본질적 트라우마에 반응할 때 동원하는 것이 상상력이다. 우리는 의미를 찾고 의미를 만들어내는 동물이다. 자신의 경험을 이해해 세상을 파악함으로써 세상에서 더 잘 살아남으려고 노력한다. 이를 위해 우리는 생존의 질문에 해답을 제시할 프랙탈 fractal(부분과 전체가 닮은 모양이 계속 반복되는 형태-옮긴이) 구조의 '이야기'를 상상한다.

이를테면 "당신은 누구인가?", "저것은 무엇인가?", "이것은 안전한가 아니면 적대적인가?", "저것에 부딪히면 어떻게 살 수 있는가?" 같은 질문이다. 우리의 '이야기'는 삶을 이해해 예측 가능성을 높이고 대처 능력을 높이려는 데서 나온다. 물론 이 이야기들은 유년기에 형성된 제한적 상상력-시간, 공간, 문화적 렌즈, 그 외에 한정된 범위를 갖는 여러 요인-이 낳은 결과물이다. '잘못된' 이야기는 자신과 등지게 만들 수도 있다. 시간이 지나면서 다른 경험들이 쌓이고 새로운 견해가 생기면 이 이야기 중 다수는 의미를 잃지만, 최초의 이야기들은 끈질기게 남아 우리 인생 곳곳을 누빈다.

3. 우리는 자기 '이야기'의 하인이자 포로다.

우리의 이야기는 세상을 더 잘 파악해서 잘 대처하기 위해 세상을 해석하려는 노력이다 보니, 새로운 상황과 마주하면 그 이야기들에 의존해 상황을 헤쳐 가려고 한다. 이 이야기가 선사하는 좋은 점은 이러한 '해석적 허구'가 있기에 그 위에 자신의 지식을 쌓고, 일상을 엮어가며, 합리적으로 일관된 인격을 형성할 수 있다는 것이다. 반대로 이 이야기의 나쁜 점은 새로운 것과 마주쳤을 때 제한적인 과거 패러다임의 렌즈를 사용한다는 것이다. 이렇듯 우리는 자신의 의도와 관계없이 패턴을 만들어내고, 자기가 의존하는 이야기의 포로가 된다. 자신의 선택과 이에 따르는 패턴에 문제가 있으며 심지어 자신과 남에게 해롭다는 사실을 알게 되어도 너무 익숙해서 이를 버리지 못한다. 문제를 알아차릴 때쯤이면, 그 패턴이 자신이 세상을 바라보는 유일한 방식이 된 상태이기 때문이다. 그 결과 '반복 강박repetition compulsion'이 일어나 평생 고착, 봉쇄, 재현의 반복으로 자신의 역사를 채우게 된다.

앞서 지적했듯 내게 일어난 일이 곧 내가 아님을 깨닫기란 누구에게나 몹시 힘든 일이다. 내게 일어난 사건은 숙명이 밖으로 표출된 것이지만, 이에 관한 나의 이야기는 온전히 내 몫이다. 유년기에 방임을 당한 사람이 다른 사람의 결함 때문이 아니라 자기가 무가치해서 방임을 당했다고 해석할 경우 자기 파괴, 무가치감, 인정 부족 또는 반대로 거대한 과잉 보상 속에서 평생을 보낼 수도 있다. 두 경우 모두 숙명적 경험이 겉으로 드러내는 바를 잘못 해석한 데서 나타나는 현상이다. 문제는 우리가 아니라 우리의 이야기이며, 우리는 비록 이야기에 지배당하지는 않아도 늘 그 영향을 받으며 산다.

내게 일어난 일이 곧 내가 아님을
깨닫기란 몹시 힘든 일이다.

논리학자들이 말하는 이른바 '지나친 일반화의 오류'가 삶의 대부분을 좌우한다. 과거에 진실이라고 간주했던 것을 다른 여러 상황에 계속 적용하면서 애초에 만든 해석의 허구를 잠정적으로 인정하는 것이다. 이런 이야기에서 벗어날 때도 있지만 이들 대다수 – 자기, 타인 그리고 자기와 타인 간의 교류에서 일어나는 현상학적 경험을 포함하는 이야기 – 는 우리 삶을 떠나지 않는다. 이 점을 고려해 인생 후반기에 진행되는 정신 치료에서는 그 사람의 역사를 하나하나 거꾸로 더듬어 현재 작동되는 내러티브narrative(인과 관계로 엮인 이야기)를 확인하고, 이를 의식 수준으로 끌어올린 뒤, 유년기에 가졌던 것보다 큰 참조 틀과 강화된 자원으로 그 이야기들에 이의를 제기한다. 실제로 반성, 치료, 통찰력은 자신의 이야기를 비평할 수 있게 해 준다. 이렇게 하면 우리는 자신의 역사에서

6장 치유란 무엇인가?

잠시 떨어져 지침으로 삼을 만한 내면의 원천과 다시 소통할 수 있다.

4. 정신병리라는 선물 덕분에 깜짝 놀란 우리는 사태를 재고하고 더 큰 '이야기'로 나아간다.

현대인의 삶은 관리와 통제라는 관념에 깊이 뿌리 내리고 있다. 컴퓨터, 현대의학, 끝도 없이 확장되는 기술에 이르기까지 우리가 사용하는 갖가지 도구가 삶을 통제할 수 있다는 환상을 나날이 키운다. 그러는 사이 인생의 다른 측면들은 점점 더 우리의 통제를 벗어나는 중이다. 자신이 어마어마한 힘을 지니고 있다고 착각하는 인간의 자아의식이 사실은 음울한 바다 위에 둥둥 떠 있는 한낱 나약한 조각일 뿐임을 늘 기억해야 한다.

최근에 "저는 제 생각을 잘 알아요.", "제게 그림자 같은 건 없습니다.", "저는 자의식이 강한 사람이에요." 같은 자기 합리화를 하는 말을 들은 적이 있다. 티셔츠에 새겨진 재미있는 문구 중에는 "내가 옳다는 걸 잘 안다. 만약 아니라면 내가 어찌 알았겠는가?"라는 것도 있었다. 이 모든 주장에 대해 꼭 물어봐야 할 것은 "내가 모르지만 실제로 내 삶을 움직이는 것은 무엇일까?"라는 질문이다.

다행히 우리에게는 정신병리라는 '선물'이 있다는 점을 생각해 보자. 현대 서구문화의 맥락에서 보면 이상한 문장이기도 하다. 어떻게 정신병리가 선물이 될까? 정신병리의 문자적 의미는 '영혼이 고통 받는다는 것을 드러내는 표현'이다. 여기에서 정신병리의 '선물'이 우리 삶에서 어떻게 작동하는지에 대한 단서를 얻을 수 있다.

불쑥불쑥 찾아오는 삶의 갖가지 요구에 적응하고 맞춰가며 적절히 대처하는 데 우리의 '이야기'가 어떤 도움을 주는지는 앞에서 설명했다. 진화의 담금질 속에서 다른 종이 사라져갈 때도 인류가 살아남았던 정확한 이유는 지속적으로 변화하는 주변 환경에 적응했기 때문이다. 우리가 적응의 피조물로서 자율적으로 활동하는 영혼을 가지지 않았다면, 우리는 아마 습관대로 움직이며 경로가 정해진 에너지와 가치만을 보유한 피조물에 그쳤을 것이다. 예를 들어, 삶을 살아가는 방법을 지시받고 특정한 가치만 추구하면서 영혼 없이 살았다면 그 지시를 충족하는 것만이 삶의 목표였을 것이다. 사실 우리 모두가 그렇게 산다. 하지만 우리에게는 자율적으로 움직이는 정신 영역이 있다. 자기만의 뜻을 가진 이 정신 영역은 우리가 고수하는 외부적 과제가 자신의 의도와 충돌할 때 불쾌감을 드러낸다. 우리는 영혼의 부름과 관계없이 때로는 생존을 위해 에너지를 동원할 수 있고, 마땅히 그래야 할 때도 있다. 하지만 정도를 벗어난 외부 과제들만 따르다

보면 내면의 불평이 커진다. 자아의 중심이 외부적 요구나 콤플렉스에 짓눌려 특정 행동이나 노력을 고수할수록 에너지가 금세 고갈되고, 신체적 고통도 커지며, 모든 것의 의미가 점점 희미해진다.

정신병리가 선물인 이유는 우리의 주의를 끌기 때문이다. 정신병리를 통해 자신의 영혼이 현재 에너지의 흐름을 못마땅하게 여긴다는 것을 알게 된다. 이때 영혼은 의사결정을 실행에 옮기는 경로를 바로잡으라고 요청하며, 우리의 저항이 클수록 이 메시지는 더 날카로워진다. 사회적 의무도 몹시 무겁고, 적응과 갈등 관리를 중시하는 우리가 가진 최초 이야기들이 지닌 힘도 매우 크다. 그러니 실망을 드러내는 정신의 힘도 이에 비례해 커진다. 이때 단순히 증상을 약으로 가라앉히거나 합리화하는 것은 다른 선택을 하라는 촉구를 더 내밀한 곳으로 밀어 넣는 행위다.

5. 정신병리가 우리에게 요청하는 것은 '임시방편'보다 큰 실천이다.

최근에 이야기를 나눈 한 남성은 자기애적 성향이 강한 부모님의 요구 속에 평생 짓눌려 살았다. 그는 여기저기서 자신의 분노가 부적절하게 튀어나와 고통스럽다고 했다. 이 분노는 그의 부모님이 썼던 권력 수법에 얽매여 사는 동안 품어온 거대한 분노의 저장고에서 흘러나오는 것이다. 이에 대한 쉬운 처방은 그 상태에서 빠져나와 다르게 행동하라는 것인데 그는 정말 그렇게 했다.

여기서 알아야 할 점이 있다. 유년기에 극성스러운 부모라는 거인 앞에서 갖게 된 무력감의 이야기는 그가 헛된 고통에 시달릴 운명이라는 메시지로 남아 버렸다. 나는 그에게 우울증의 두 가지 기능적 정의는 '안으로 향한 분노'와 '학습된 무기력'이라는 점을 알려 주었다. 유년기에 그가 얻은 씻을 수 없는 메시지는 부모라는 거대한 타자가 막강하고 거침없으며 무자비하다는 점이었다. 이에 무기력을 학습하고, 자신의 정당한 분노의 화살을 유일한 공격 대상인 자신에게 겨누었다. 예상대로 그가 겪은 우울증과 자가 투여 이력은 한때 정확했지만 이미 오래전 효력을 잃어버린 이야기가 낳은 부산물이자 후속 사건이었다.

우리 인생 후반부를 수놓을 중심 주제는 전반부에 만들어진 모든 것에 대한 책임 묻기다. (내가 말하는 인생 구분은 연대기적 측면이 아니라 심리적 측면을 의미한다. 인생의 후반부는 노화와 죽음, 사랑하는 사람과의 사별, 그밖에도 한걸음 물러나 삶을 근본적으로 되돌아보게 하는 수많은 순간에서 시작한다.) 인생 전반부에서는 주로 크고 불가피한 실수를 저지르며 보낸다. 세상에 들어가면서 내가 누구이고, 무엇을 원하며, 어디에 자신을 헌신해야 할지 잘 안다고 생각하다가 그런 실수를 저지른다. 때로는 자녀 돌보기와 같은 매우 적절한 선택을 내려 소중한 의미를 얻기도 하지만, 어떤 선택은 외부의 압박이나 자신의 '이야기'에 반응한 결과로 생긴다. 이렇게 우리는 비틀거리며 삶에 들어와 여정을 이어가는데, 어느 지점에선가 엉성하게 지어진 '정신의 집'에 머물던 정신이 쉬지 않고 마룻바닥을 두드려 우리의 주의를 끈다. 바라건대, 이때쯤이면 충분히 자기 삶의 지형을 들여다볼 수 있을 정도로 자아의 힘이 생긴 상태가 된다. 분명 그때는 관찰해야 할 것이 가득 쌓여 있을 것이다.

이렇게 자신과 대면하는 작업은 명백히 필요하지만, 모든 사람이 그 자리에 모습을 드러내지는 않는다. 키르케고르는 아침 신문 부고란에 실린 자기 이름을 보고는 깜짝 놀란 남성의 이야기를 전하면서, 그가 자신의 죽음을 몰랐던 것은 자기가 살았다는 것도 몰랐기 때문이라고 말했다.

이렇듯 우리 인생은 대체로 자동 조종 장치에 타고 있는 것과 같다. 우리 모두가 버틸 대로 버티다가 마지막에 가서야 대체 이 삶이 무엇이었는지 알아보는 것이다. 나는 70세 이상 내담자를 여러 명 만나며, 그들이 자신의 역사를 되짚는 꿈을 많이 꾼다는 사실을 알 수 있었다. 몇몇 사례에서는 아득히 먼 옛날 사건이지만 아직 끝내지 못한 숙제가 있어서 지금도 에너지를 품는 것이라 여길 수도 있다. 하지만 나는 정신이 의도적으로 우리 삶을 눈앞에 펼쳐놓는 거라고 생각한다. 그동안 우리 삶을 좌우했던 장본인과 여전히 건재하는 이야기들을 제대로 확인하고 동화되며 자기 용서, 경계 유지 등 남은 과제를 깨닫게 하려는 것이다.

아직 이야기를 더 쓸 공간이 남아 있는 지금 깨달음을 얻어야 할 것이다. 그렇지 않으면 우리의 엄격한 옛 역사에 삶의 주권을 위임하게 된다. 우리를 통해 드러나려는 존재를 짊어지는 역할에 실패한다면 깊은 슬픔을 초래하게 된다. 삶이 우리에게 요청하는 것, 삶을 이끌어 가고 뒷받침할 방법, 이 모든 것이 텅 빈 채로 버려진다. 릴케가 젊은 시인에게 조언했듯, 모든 것은 달이 찰 때까지 품고 있다가 낳아야 한다. 만약 우리가 우리에게서 태어나길 바라는 것을 낳지 못하면 어떻게 될까? 영지주의 문헌인 도마복음서에서 말하듯, 우리가 우리 안에 있는 것을 내놓는다면 우리가 내놓는 그것이 우리를 도울 것이며, 우리 안에 있는 것을 내놓지 못한다면 우리가 내놓지 못한 그것이 우리를 파괴할 것이다. 매우 가혹한 주장이지만, 이 말은 수천 년 전 우리보다 앞서 살았던 이들이 책임을 두고 얻은 동일한 결론이 표현된 것이다.

6. 우리의 중요 과제는 허락, 개인적 권위와 포부를 회복하는 것이다.

심층심리학은 개인적인 책임을 다하라는 요청에 대한 반응으로 나타난다. 이 책도 같은 요청에 응답하고 있다.《인생 후반전을 앞두고 점검해야 할 것들》에서 자세히 정의했듯, 삶에 대한 진정성 있는 태도를 회복하려면 허락, 개인적 권위, 포부를 회복해야한다. 이 세 가지는 서로 영향을 끼친다.

부모, 권위자, 그 외 수많은 통치자와 막 태어난 우리 사이에는 괴리가 존재한다. 이 거대한 차이 속에서 우리는 자신의 본질적 무력함을 지나치게 학습한다. 우리는 자신을 보호해 줄 책임을 맡은 사람들의 관대함 그리고 숙명이 우리에게 가져다준 삶의 조건을 만족시키는 자기의 능력에 따라 자신의 안녕이 좌우된다는 사실을 깨닫는다. 역사는 노예제, 학대, 인종 차별, 성차별, 그밖에 영혼이 지니는 표현의 권리를 가로막는 온갖 무게에 짓눌려 부서진 소중한 영혼들로 가득 차 있다. 그들이 겪은 고통과 실현되지 못한 가능성에 애도를 표하는 동시에, 우리에게 아직 남아 있는 삶을 충실히 살아야겠다고 각오를 다져야 한다.

진정한 자신을 표현하는 충만한 삶의 가능성을 확인하려면해야 할 일이 있다. 첫째, 외부세계와 내면세계 사이의 오래된 권력의 불일치로 인해 지금도 우리 안에 뿌리 박혀 있는 태고의 지배력과 씨름해야 한다. 이렇게 무게중심을 옮기는 일은 내게 벌어진 일에 대한 관심을 줄이고 '나를 통해 이 세상에 들어오길 원하는 것은 무엇일까?'라고 묻는 데서 시작한다. 새로운 생명을이 세상에 전달하는 역할을 할 때야 비로소 오래된 세상과 그 '이야기'의 작용에서 벗어날 수 있다.

위에서 말한 질문의 의미를 숙고하고 나면, 더는 현재 상태가 내 인생의 전부인 것처럼 주눅 들어 살 이유가 없다는 것을 알게 된다. 내가 믿는 것을 믿고, 내가 원하는 것을 원하는 데 더는 누군가의 허락이 필요하지 않다. 허락의 주체는 내가 되어야 한다. 누군가 내게 허락을 내리는 것이 아니다. 이렇게까지 깨닫고 행동하려면 통찰력, 때로는 용기, 가끔은 절박함이 필요하다. 이제 숙명이 우리 어깨에 지운 무게보다 자신의 운명을 받아들이겠다고 스스로 허락하는 것이 더 큰 과제다.

둘째, 정보가 넘쳐나고 개인을 간섭하는 이 세상에서 우리 모두가 경험하는 수많은 내적 교류를 정돈해야 한다. 자신의 오래된 이야기는 어떤 내러티브를 만들어내고 있을까? (이 질문에 답하려면 일상 속에서 우리의 의사결정에 관여하고 수시로 우리 자리를 차지하는 비가시적인 행위 주체를 알아야 한다.) 나아가 영혼에서 우리에게 다가오는 암시를 확인하고 대화를 나누어야 한다. 저마다 내면에 수많은 메시지가 있지만, 일상생활 속에서 갖가지 선택을 내리다가 이런 메시지들과의 연결고리를 놓쳐 버린다. 종종 우리는 이 메시지들이 불러올 모든 결과를 인식하고 이를 세상에서 충분히 실현할 용기를 내는 걸 어려워한다. 하지만 이러한 결심과 전념의 순간은 두려움과 함께 활력을 안겨준다.

셋째, 오래전에 저 멀리 두고 온 꿈과 상상을 회복해야 한다. 몸도 예전 같지 않고 시간도 되돌릴 수 없기에 모든 것을 회복할 수는 없지만, 이런저런 형태의 많은 꿈과 상상을 되찾을 수 있다. 우리가 허락하기만 한다면! 삶의 여정을 걸어가는 이 지점에서 분명 이렇게 자문할 수 있다.

나는 무엇을 기다리고 있는 거지? 부모님이 대문 앞에 나타나 나에게 벌을 내릴 거라고 생각하는 걸까? 남의 인정을 받지 못하면 영원히 내가 파괴된다고 믿는 걸까? 아직은 내가 적극적으로 나서기 버겁다고 여기는 걸까? 어떤 두려움이 있는가? 내가 가진 오래된 내러티브는 무엇인가? 무엇이 거기 있는가? 이미 내 삶의 여러 장을 빼앗긴 지금, 마지막 장까지 내주기 전에 그것들을 가려내야 할 때가 되지 않았는가?

우리가 유년기에 이따금 느끼곤 했던 경이감, 호기심, 기쁨, 충족감을 회복시켜 줄 최선책은 자신의 관심사와 포부를 회복하고 이를 소중히 여기는 것이다. 성장과 변화를 불러올 이 결정적 순간에 우리의 본성이 우리를 뒷받침하고 응원한다. 무엇을 더 기다리는가? 다시 무대 위에 엘비스 프레슬리가 올라와 "좋아. 이제 네 인생을 살아 봐."라고 말해 주길 바라는 건가? 객석에서 올려다보던 쇼는 이미 끝났다.

7. 우리를 통해 세상에 표현되길 바라던 것이 있다. 성장의 과업이란 이를 실현할 때까지 내면의 불화를 치유하고자 꾸준히 노력하는 것이다.

이 포부를 선택하는 것은 자아의 역할이 아니다. 우리의 자연 또는 우리의 신성한 존재-어떻게 표현하는 것이 더 와 닿을지 모르겠지만-가 우리를 위해 선택해 준다. 자아는 이 부름에 어떻게 대응할지를 결정한다. 우리가 내면에 안고 있는 퇴행적 분열들은 쇠약과 고통과 마비를 일으키고, 고통을 누그러뜨릴 온갖 노력에 우리를 매달리게 할 수도 있다. 하지만 내면의 무언가는 우리에게 맞는 것을 알고 있다. 그 무언가가 자신을 드러내려고 고집을 부리는 통에 한밤중에 깨어 있기도 하고, 정신없이 분주한 순간에도 내면의 찔림을 느끼고, 내가 못 이룬 것을 이룬 사람을 보면 시기심도 일어난다. 자신에게 가장 중요한 것을 걸고서라도 최선을 다해 자기 삶을 살고 있다면 타인의 삶에 주의를 빼앗기거나 시기심을 느끼지도 않는다. 자기회의에 빠지지도 않을 것이다. 자기 일을 돌보느라 너무 바빠서 그런 데 한눈 팔지 않을 것이다.

치유는 자연의 활동이다. 하지만 우리는 우리를 통해 자연이 자신을 드러내려는 것을 존중함으로써 자연의 활동에 힘을 보탤 수 있다. 주변 세상이 도와주지 않아도 상관없다. 유년 시절처럼 저 시끄러운 세상이 우리보다 표를 많이 얻으면 우리가 틀렸다는 착각은 버리자. 우리가 표를 잃는 것이 당연하다. 세상 곳곳에서 열광적이며 미친 듯한 사람들이 우리의 관심, 우리의 표, 우리의 영적 충성심을 얻으려고 아우성친다.

치유가 나를 지지하는 자연의 활동이라면, 소명은 영혼의 부름이다. 우리를 통해 드러나려는 것을 표현하지 않을 때 망가지는 큰 그림은 무엇이며, 어떤 가능성이 실현되지 못한 채 파괴되는가? 근동 지방의 한 현자가 쓴 것처럼 만약 우리가 왕실의 임무를 맡아 이 땅에 파견되었는데 허둥지둥하다가 자신의 과업을 잊게 된다면, 여기 존재할 이유를 저버린 것이다. 각 개인은 자신의 인간성을 선물로 받아 파견되었다는 사실을 잊지 말아야 한다. 이를 세상에 구현하지 못하면 자신의 사명을 실천하지 못하는 것이다.

단단한 콘크리트 조각 사이에서도 초록색 풀이 자라나듯, 삶이 우리에게 어떤-사회적, 신체적, 정신적, 영적- 장애물을 안겨주든 간에 영혼은 모든 장벽을 뚫고 끊임없이 자기 일을 실현하려고 할 것이다. 정신치료psychotherapy라는 단어의 의미는 '영혼에 귀 기울이거나 영혼을 돌보는 것'임을 기억하자. 영혼의 의도에 관심을 기울이기 위해 우리가 하는 일이 바로 '치유'다.

오래 전부터 자신의 치유를 위해 제몫을 다하라는 요청이 있었다. 이러한 치유의 욕구를 특히나 구슬프게 표현한 목소리는 19세기의 시인 매튜 아놀드Matthew Arnold의 작품에도 담겨 있다. 그는 이 시에 〈파묻힌 생명〉이라는 아주 적절한 제목을 달았다.

> 하지만 종종, 세상에서 가장 북적이는 거리에서도
> 하지만 종종, 소란스럽게 다투는 가운데서도
> 우리의 파묻힌 생명을 알고 싶어 하는
> 형언할 수 없는 욕구가 솟구치나니
> 그것은 진정한 우리만의 길을 찾아가려는
> 우리 안의 불꽃과 잠재울 수 없는 힘을 사르고픈 갈증이다.
> 우리 마음속 저 밑에서 세차게 고동치는
> 심장의 신비를 풀고 싶은 갈망이다.
> 우리 인생이 어디서 와서 어디로 가는지를 알고 싶은
> 마음이다.[1]

파묻힌 생명은 아직 묻혀 있으나 여전히 숨 쉬고 있다. 위험을

무릅쓰고 이 생명을 의식과 실제 경험의 영역으로 끌어올리는 일은 우리에게 달려 있다. 우리가 어떻게, 또 왜 자신과 이토록 소원해졌는지에 관해서는 할 말이 없지만, 우리 자신을 다시 조화롭게 만드는 방법에 관해서는 분명 우리에게 발언권이 있다.

7장

◆

신화적 관점에서 보는 젠더에 관한 심리

나의 존재 의미는 삶이 내게 던진 물음에 있다.

거꾸로 말하자면, 세상에 던져진 하나의 물음은

바로 나 자신이며 나는 나만의 대답을 궁리해야 한다.

그러지 않는다면 나는 세상이 내미는 대답에 기댈 뿐이다.

-칼 융

영미권의 동화에는 '요정fairy' 이야기가 따로 있지는 않다. 독일어로 동화는 'die Märchen'인데 이는 그저 '이야기the tales'란 뜻이다. 이 이야기들이 이런저런 방법으로 수 세대에 걸쳐 많은 사람에게 전해진 것은 그 안에 민중의 지혜가 담겨 있고, 우리 머릿속 특정 지점에 감흥을 주거나 우리의 생각을 그대로 보여 주기 때문이다. 이야기마다 지역색이 묻어남에도 이런 이야기들은 우리 모두를 조직하고 움직이는 정신적 토대에 감흥을 안긴다.

안티고네처럼 가치 체계 사이에서 고민하며, 거대하고 압도적인 두 대상에 대한 충실성 사이에 낀 인물이 등장하는 동화로는 〈손 없는 처녀The Maiden with No Hands〉가 있다. 물론 이 이야기

는 시대를 초월하는 문제를 다루고 있는데, 특별히 나는 1810년
에 그림 형제가 모아 편집한 버전을 살펴보았다. 서구 문화가 도
시와 기계로 눈을 돌리고, 무엇보다도 구전을 외면하고 꾸러미
정보 시대로 넘어가면서, 심리적 연속성과 민중의 지혜-때로는
'물레 이야기'라고도 불리는-를 제공하는 거대한 구전이 서서히
사라지고 있기 때문이다.

여성의 상처

이 이야기의 첫 장면에는 침울한 모습으로 앞마당에 앉아 있는
가난한 방앗간 주인이 등장한다. 방앗간 주인의 일-곡식을 빻아
밀가루와 빵을 만드는 일-은 현대인의 큰 관심사가 아니므로 우
리에겐 낯설지만, 선조들은 방앗간 주인을 부당한 수단으로 이
익을 취하는 '사기꾼'이라고 생각했다. 이 동화 속의 방앗간 주인
도 집 근처 시내와 물레방아를 자기 일에 부당하게 이용하는 사
람이었다. 어느 날 악마가 나타난다. 악마는 우리가 듣고 싶어 하
는 말만 골라서 하는 까닭에 능수능란한 사기꾼이라고 알려져
왔다. 악마는 방앗간 주인에게 이렇게 말했다.

"뒤뜰에 있는 것을 내게 준다고 약속하면 너를 부자로 만들어

주겠다."

사기꾼이 사기꾼을 만나면 서로 자기가 상대를 속일 수 있을 거라고 생각한다. 방앗간 주인은 뒤뜰에 있는 거라곤 하찮은 사과나무 한 그루뿐이니 없어도 그만이라는 생각에 선뜻 그러겠다고 답했다. 하지만 그는 그때 나무 아래 자신의 딸이 앉아 있다는 것을 까맣게 몰랐다. 탐욕에 눈이 멀어 딸을 대가로 치르고 만 것이다. 여러모로 가난했던 방앗간 주인과 그의 아내는 벼락부자가 되었다.

값을 치른 악마가 소녀를 데려가려고 찾아온 날, 소녀는 악마와 함께 가길 거부하면서도 아버지가 맺은 거래는 지키려고 했다. 안티고네처럼 두 가지 충실성 사이에 낀 것이다. 천성적으로 선한 성품을 가진 소녀는 이 광기의 거래를 용케 물리쳤지만, 악마는 거래를 깬 죗값으로 소녀의 두 손을 잘라야 한다고 주장했다. 소녀는 순순히 따랐고 두 손을 잃었다.

이렇게 최소한 아버지와 악마 사이의 거래를 존중했기에 악마의 수중에는 들어가지 않았다. 시간이 흘러 소녀를 가엾게 여긴 선한 왕자가 나타나 둘은 사랑에 빠진다. 왕자는 소녀의 처지가 안타까워 은으로 두 손을 만들어 주었다. 왕자의 의도는 좋았지만 새로 붙인 두 손은 자연스럽지도 않거니와 그리 유용하지도 않았다. 여인이 사랑스러운 아이를 낳자 악마는 그녀가 괴물을 낳아서 왕이 그녀를 죽이라고 명령했다며 거짓말을 퍼뜨린다. 여인은 아이에게 슈머젠라이 Schmerzenreich, 즉 번역하면 '슬픔에 찬'이라는 이름을 붙였다. 그러고는 자신과 자신의 성장 잠재력이기도 한 아이를 지키기 위해 7년간 숲속에 숨어 지냈다. 그 사이 손이 잘려나간 두 팔에 날마다 하염없이 눈물방울이 떨어지자 서서히 두 손이 자라나기 시작했다.

이 이야기에 나오는 상처와 치유를 생각해보면, 여인의 치유는 듬직한 왕자를 비롯한 외부 남성이나 가부장적 행위자에게서 비롯되지 않는다. 오직 상처를 겪어내면서, 모든 생명의 근원이자 애초에 우리 몸을 적셨던 첫 체액에서 만들어진 눈물로 새살을 돋우며 시간을 채운 끝에 치유가 이루어졌다. 그녀의 치유는 갑자기 얻은 부에 심취한 방앗간 주인의 아내가 아니라 자신의 진정한 어머니, 자신의 치유를 위해 영원히 노력하는 자연의 원형인 위대한 어머니 The Great Mother에게서 왔다. 7년간 숨죽여 보낸 끝에 왕자가 숲속으로 찾아왔을 때 두 사람은 다시 사랑을 회복하고 혼인을 맺는데 이러한 신성한 결혼은 종종 히에로스 가모스 Hieros Gamos 또는 '거룩한 결혼'이라 부르며, 이는 한 사람의 정신 안에 있는 대극의 통합을 가리킨다.

손 없는 처녀를 비롯한 수많은 여성의 상처는 안타깝기 그지없지만, 때로는 삶의 일부를 잃어버리더라도 거기서 의미를 찾아 변화를 꾀할 수 있다. 상처를 입은 그 자리에서 정신의 자원을 동원해 심오한 통찰력을 얻고 자신만의 재능을 성장시키며 상처를 아물게 하는 에너지를 끌어낼 수 있다.

손 없는 처녀의 이야기는 여성을 자신의 자연적 뿌리에서 분리시키는 가부장적 상처를 논할 때 자주 인용되는데, 이 해석은 꽤 수긍할 만하다. 기업의 임원인 여성 대다수에게 그 직함을 얻는 과정에서 심리적으로 어떤 일을 겪었는지 물어보라. 그다음 그들이 살면서 놓친 것들, 그리고 직업적 성공 때문에 영혼이 받은 고통에 관해서도 물어보라.

가부장 문화가 일으키는 상처는 여성이 고위직을 얻은 뒤에도 계속될 수 있다. 이러한 역동은 젠더를 넘어 권력과 관계의 가치가 불균등할 때도 일어나기 때문이다. 융은 권력이 우세하는 곳마다 사랑이 밀려난다고 지적했다. 협력이나 상호 관계보다 경쟁, 제로섬 게임, 지배 중심의 시스템에서는 관계보다 권력이 숭배된다. 그 안에서 여성들은 온갖 종류의 상징적-다시 말해 심리적인- 절단을 겪는다.

이러한 예에 해당하는 내담자가 있었다. 기업 임원으로 매우 성공적인 커리어를 쌓아온 이 여성은 심한 과체중에 습관적으로 약물을 복용했으며 끝도 없는 권태감에 빠져 있었다. 이러한 상태는 자신의 가장 큰 재능에서 그녀를 멀어지게 하고 있었다. 사실 그녀는 선천적으로 남을 측은히 여겼고, 다른 사람에게 무엇이 필요한지 살피고 이를 충족하도록 돕는 성향의 사람이었다.

이 경우에서 우리는 한쪽으로 치우친 생애 이력을 보상하려는 에너지의 움직임을 목격할 수 있다. 융은 신경증을 '편협한 인격'이라고 간단히 정의했다. 가부장적 세계에 나타나는 지배 질서는 권력 콤플렉스, 위계질서, 파괴적 경쟁으로 여성은 물론 남성까지 억누른다. 이보다 더 편협한 것이 무엇일까? 이처럼 동요하고 있는 편협함이 서서히 무너지는 모습을 목격하는 지금, 우리의 과제는 이른바 여성적 가치와 남성적 가치를 통합하는 일이다.

내가 '이른바'라고 말한 이유는 남성과 여성 모두의 내면에 반대 성향이 존재하기 때문이다. 내게 '여성적' 측면이 있다 해도 이는 내 남성성의 일부다. 여성도 자신의 '남성적' 가치를 주장할 수 있고 또 주장해야 한다. 지금 우리의 문제는 남성과 여성에게 성별이라는 딱지를 붙이고 구분해온 탓도 있다. 우리 중 누구도 이렇게 인격이 갈라진 상태로 태어나지 않았다. 그렇다고 가부장제를 가모장제로 대체하는 것은 또 다른 유형의 신경증을 낳을 뿐이다. '여성성'과 '남성성'에 동등한 가치를 부여하는 것만이 더 온전하고 충만한 인간성을 이루는 길이다.

탐욕스러운 아버지로 인해 극심한 상처를 입은 소녀의 치유는 지금도 계속되고 있지만, 그녀가 이미 흘린 그 많은 눈물도 아직은 부족하다. 인간성의 해방을 위해 아직 할 일이 많으므로 눈물과 함께 행동에 나서야 한다. 그 행동은 각 개인이 서로에 대한 비판을 거두고, 분리된 내면의 선물을 전보다 잘 통합하고자 노력하는 데서 시작된다.

남성의 상처

흥미롭게도 손 없는 처녀의 이야기는 남성의 상처에 대한 비유로도 이해할 수 있다. 자아는 낮의 논리-즉 대상을 보이는 대로 해석하는 관점-로 꿈을 해석하곤 하지만, 내면에 존재하는 정신적 가치와 분화된 에너지가 꿈속에서 다양한 캐릭터로 등장한다면 어떤 일이 벌어질까?

대다수 남성은 평생 성공을 좇으면서도 성공을 정의해 보라고 하면 다들 우물쭈물한다. 방앗간 주인은 부의 지름길을 좇는 게으르고 기회주의적인 자아의 전형적인 모습을 보여 준다. 악마 또한 정당한 대가 없이 원하는 것을 손에 넣으려는 우리의 그림자를 보여 준다. 소녀의 몸에서 절단된 것은 내면의 여성성이었고, 융은 이를 가리켜 남성 안에 있는 '아니마anima'라고 불렀다.

아니마는 남성이 자신의 본능, 감정적인 삶, 영적 가치에 부여하는 의미를 나타낸다. 흔히 남성들은 자신의 취약성과 빈약한 경쟁력이 드러날까 봐 이 모든 것을 무시하려고 한다. 그 결과, 대다수 남성은 정서적으로 지독하게 고립된 삶을 살면서 수치심과 무가치함을 느끼고, 늘 누군가에게 밀린다고 생각한다. 인간으로서 자신의 가치는 생산성을 올리고 할당량을 채우는–수익을 내고, 점수를 얻고, 추상적인 기대를 충족하는– 데 달려 있다는 것이 그들의 인식이자 믿음이다.

여성들은 남성들이 내면에 얼마나 많은 수치와 회의와 자기혐오를 안고 사는지 거의 알지 못한다. 심지어 남성들 사이에서도 이런 서로의 속사정을 모른다. 자연히 고립과 자기파괴가 깊어진다. 자신과의 관계에서 어수선한 남성이 어떻게 이성 또는 다른 남성들과 좋은 관계를 맺겠는가?

결국, 이런 남성들은 중년 전후에 접어들면서 자신이 깜깜한 숲속에 있다는 사실을 깨닫는다. 어두운 숲속에 갇혀 어떻게 회복해야 할지 도무지 알 수 없는 상태에 이른다. 여기서도 유일한 치유의 비결은 '암흑의 한가운데', 외부적 해결책을 전혀 찾을 수 없는 위태로운 장소에 놓여 있다. 누구도 고쳐줄 수 없는 자신의 외톨이 신세를 슬퍼하고, 아이처럼 자신의 감정적, 본능적, 영적인 삶을 다시 시작하는 법을 배워 진정한 주체감과 인간성을 회

7장 신화적 관점에서 보는 젠더에 관한 심리

복해야 한다. 아직 흘리지 않은 수많은 눈물이 남성들의 영혼 속에 담겨 있다. 그 치유의 묘약이 흘러넘치기 전까지 잘려나간 상처는 절대로 아물지 않을 것이다.

내면의 전쟁, 아니무스와 아니마

융은 여성 내면의 '남성성'을 가리켜 '아니무스^{animus}' 즉, 성별 긴장이 가득한 세상에서 자신의 권한과 적합성을 주장하고, 스스로 행동을 결정하며, 자기 능력을 신뢰하며, 기꺼이 위험을 무릅쓰고 눈앞에 펼쳐진 세상에 마음껏 자신을 표현하려는 의지라고 불렀다.

'부정적 아니무스'는 많은 여성이 알고 있는 내면의 목소리로 '네가 뭔데?', '너는 절대 못 해!', '어째서 그 일이 네게 맞는다고 생각하지?'라고 속삭인다. 부정적 아니무스에는 여성이 최선의 자기를 억누르게 만들도록 하는 힘이 있으며, 자주 그 힘을 발휘한다. 마찬가지로 남성이 가진 '부정적 아니마'는 분노 덩어리와 무거운 우울감으로 남성을 덮친다. 이때 남성은 약물에 의지하고, 외부세계에서 전보다 두 배로 노력하고, 자기 밖의 '여성성'

과 소통하려고 애써보지만, 더 외롭고 수치스럽고 절망적인 상태에 빠질 때가 많다.

슬픈 사실이지만, 어떤 시스템에서든 성장을 원한다면 영혼이 수용할 만한 관대함을 과감히 끊어야 한다. 융은 사람들이 자기 대면을 회피하고 영혼이 요구하는 삶의 거대함을 외면할 수만 있다면 그 어떤 일도 마다하지 않을 거라고 지적했다.

하지만 미친 듯이 불태우던 자아의 전략들이 기력을 다하면 다시 정신이 고개를 든다. 융이 지적했듯 내면에서 부인한 모든 것은 조만간 다시 나타나 대가를 요구할 것이다. 그러니 우리는 손 없는 처녀처럼 내면을 고치고, 자신의 자연과 그 회복의 힘이 안겨줄 치유를 기대해야 한다.

오늘날 너무도 많은 정신치료가 자아의 요구를 지원하거나 강화하고, 우리를 무참히 절단하는 주변 세상에 더 잘 적응할 방법을 좇는다는 점을 생각해 보면, 이 치료들의 효과가 미미한 이유를 잘 알 수 있다. 이 모든 인위적인 대책은 결국 우리 주변에 널린 악마의 대리인에게 다시 무릎 꿇게 하거나, 언젠가 '살지 못한 삶' 앞으로 다시 우리를 끌고 갈 것이다. 손 없는 처녀 이야기 결말에 나오는 히에로스 가모스(신과 여신의 성교를 흉내내는 종교 의식) 또는 거룩한 결혼은 대극의 통합을 말한다고 했다. 이렇듯 이 결말 장면은 치유와 잠재적 전일성이 무엇인지 보여 준다. 히에로스 가모스를 이룰 때 비로소 우리는 자신을 되찾게 된다.

내면에서 부인한 모든 것은 조만간 다시 나타나 대가를 요구할 것이다. 그러면 우리는 내면을 수리하고 자신의 자연이 안겨줄 치유를 바라야 한다.

8장

◆

물결치는 시절 사이를 항해하기

당신에게 조언을 건네고

당신을 도와줄 이는 없습니다.

단 한 사람도……

깊은 해답을 원한다면

자신의 깊은 곳으로 파고 드십시오.

- 라이너 마리아 릴케

우리는 날마다 선택을 한다. 이 선택들은 어디서 오는 걸까? 우리는 이 선택들이 합리적이고 의식적인 자기self가 내놓는 최선의 결과이길 바라고 심지어 그렇다고 믿는다. 이 말이 맞는다면 우리는 왜 항로에서 멀리 이탈하게 된 걸까? 왜 우리 삶이 엉뚱한 길로 가고 있다고 느끼는 걸까? 이제 진짜 질문을 던져 보자. 우리의 선택은 무의식 또는 생애 이력의 어느 지점에서 결정되는 것일까? 이들은 한때 우리가 세상에 적응하며 사용했던 투사를 일으킬 뿐일까, 아니면 삶을 확장하는 데 진정한 도움을 줄까? 무의식 속의 다양한 요소-여러 힘의 불협화음과 다툼-에 좌우된다면 현명한 선택을 내리기란 매우 어렵다. 어떤 지류들이 의사결정 과정에 흘러들어오는지 내가 모르고 있다는 사실을 깨닫는 게 지혜의 시작이다. 이를 계기로 자기를 더 샅샅이 살펴보고 나아가 심리 상담을 고려할 수도 있다.

앞에서 인용한 릴케의 말은 명백한 오류처럼 들린다. 어떤 유형이든 유익한 조언을 해줄 사람은 있지 않은가? 그런 일을 직업으로 삼는 사람들 말이다. 그들은 학교와 현장에서 우리에게 전해 줄 지식을 습득하지 않았는가? 이들 중 일부는 우리를 침체 상태에서 건져줄 전문 지식과 도구와 비법을 지니고 있지 않은가? 우리의 창의력과 영감이 다시 샘솟는 것도 그 덕분 아닌가? 그런데 한 개인을 위한 올바른 경로를 정확히 알고 있는 사람이 과연 있을까?

이 질문들은 자연스럽게 '권위authority'의 문제로 넘어간다. 우리의 믿음, 가치, 선택은 어떤 '권위'에 따라 결정될까? 앞서 말했듯 대다수 문화는 이 권위를 신과 신의 뜻을 해석하는 사람들에게 위탁했다. 무속인, 마을 원로, 점쟁이, 단정한 머리 모양을 하고 텔레비전에 나와 설교하는 목사 등 다양한 매개자들은 자신이 초월적 신과 소통하며 신의 뜻을 우리에게 전해 준다고 주장한다. 물론 우리가 합당한 보상을 지불한다면 말이다.[1] 이렇게 신에게서 부여받은 제도적 권위는 수천 년 전부터 지금까지, 특히 최근 수십 년 사이에 급속도로 그 힘을 잃고 있다. 각종 추

8장 물결치는 시절 사이를 항해하기

문과 저속한 돈 문제가 들끓고, 더 심각하게는 사람들의 무관심이 점점 커지는 바람에 제도권이 누렸던 주권과 의심할 바 없던 권위가 사라지고 말았다. 얼마 전 갤버스턴-휴스턴 대교구The Archdiocese of Galveston-Houston를 수색해 기밀문서를 압수한 경찰은 교권에 이의를 제기하는 게 문제가 되지 않느냐는 질문을 받았다. 이에 경찰은 '범죄 기업을 대하는 방식과 똑같이' 대하고 있다고 답했다.[2]

하지만 커다란 수수께끼가 아직 남아 있다. 애초에 다른 권위에 눈을 돌려야 할 정도로 자신을 불신하는 이유는 무엇일까? 분명 우리는 본능에 따라 무엇이 우리에게 맞는지 알고 있다. 하지만 유년기를 보내면서 안전, 돌봄, 안녕을 누리려고 자신이 남에게 크게 의존한다는 사실을 배운다. 이 메시지는 과도하게 학습되어 이후 다른 삶의 영역에도 영향을 미친다. 해야 할 일, 해서는 안 될 일, 추구해야 할 존재상을 고민하며 늘 '저 밖의' 세상에서 단서를 찾는다. 어린아이라도 상대의 찡그린 눈썹과 격앙된 목소리, 발언한 것과 함구한 것을 금세 '읽어낸다'. 이렇게 경계를 바짝 높이면 주변 환경을 인식하고 잘 적응하는 데는 유용하나 '외부'에만 초점을 맞추다 보면 그만큼 자신과는 멀어진다.

자기 안팎에서 다양한 목소리가 끊임

●
심층심리학 작업의 절반 이상은 자신의 심오한 지식의 원천에 대한 기본적 신뢰를 회복하는 일이다.

없이 아우성치듯 영혼의 목소리도 소리를 높인다. 해저 전신들이 심해를 가로지르듯, 영혼의 목소리도 우리의 감각 사이로 복잡하게 얽혀 있는 통신 케이블 한가운데 묻혀 있다. 이를 깔끔하게 정리하는 일은 절대 끝나지 않는 평생의 작업이다.

오늘날 다른 여러 심리학파와 치료법이 권위의 문제를 왜 소홀히 다루는지 의문이다. 꿈을 꾸는지 묻는 상담가도 거의 없고, 내담자의 꿈 이야기를 존중하며 주의 깊게 듣지도 않는다. 꿈은 더 얕은 '자아 ego'가 일상생활 끝에 남은 좌절과 두려움을 처리하는 사소한 일이 아니라, 깊은 내면이 내게 말을 거는 것이라고 말해 주지도 않는다. 선조들이 신의 메시지 또는 계시의 원천이라고 여기던 것을, 우리는 단순한 꿈으로 치부하고 넘어간다. 그러니 우리 안에 있는 무언가가 우리를 '알고' 있고, 사실 나보다 나를 더 잘 안다는 간단한 사실조차 충격으로 다가오는 것이다.

취리히에서 정신분석 훈련을 받을 당시 나는 몇 가지 중대한 의사결정을 내려야 했다. 무엇을 바랄지는 이따금 명백해 보였지만 내 앞에 놓인 길은 너무 벅차 보였다. 당연히 내 결정은 다른 사람에게 상처를 줄 위험성도 있었다. 비가 내리는 음울하고 우중충한 취리히의 어느 겨울 날, 상담을 받고 나오는데 마침 구름 사이로 햇살이 비추고 있었다. 나는 '다시 봄이 오겠구나!' 하는 생각과 함께 내가 앞으로 나아가고 있다는 느낌을 받았다. 더 중요한 것은, 당시 나는 정신분석가와 함께 꿈 작업을 하나 더 마친 상태였는데 그 꿈도 같은 메시지를 담고 있었다는 것이다. 게다가 평소 나의 모든 추측에 조심스럽게 접근하고 내게 이래라저래라 하지 않던 정신분석가가 그날따라 의자에 등을 기댄 자세로 내게 이렇게 말했다.

"이것이 당신에게 가장 잘 맞는 길임을 이제 알겠군요. 자아가 처리할 긴급한 일들보다 더 우선시할 대상이 있다는 이유로 죄책감을 느껴서는 안 됩니다."

사실 나는 이따금씩만 그의 조언을 새겨들었지만, 그날은 그의 지혜로운 한마디에서 온 우주가 기댈 만큼 묵직한 감흥을 느꼈다.

자기Self를 위해
자기 이미지 내려놓기

1949년 정신분석가 에리히 노이만Erich Neumann은 《심층심리학과 새로운 윤리Depth Psychology and a New Ethic》라는 제목의 책을 출간했다. 이 책에서 그는 심층의 자기Self-자아ego의 구조 아래 놓인 심리영적 현실의 세계-에 대해 알게 되었으니, 이제 우리의 모든 의사결정에 관여하는 자기^{Self}의 존재를 신중히 고려해야 한다고 주장했다. 물론 그가 자기애나 자아도취를 지지한 것은 결코 아니며, 우리에게 부과된 합법적인 사회적, 관계적 맥락을 가벼이 여긴 것도 아니었다. 다만 그의 말은 사회적 규준과 집단 윤리를 관찰한 것만을 토대로 의사결정을 내리면 영혼의 작용이 침해받는다는 뜻이었다. 고통스럽지만 신중하고 꾸준하게 내면의 갈등을 겪어내야만 나의 선택을 통해 자기^{Self}가 추구하려는 것을 존중하는 사람이 될 수 있다.

이즈음 나는 취리히의 쿤스트하우스 미술관에서 사티로스(반인반수)인 마르시아스^{Marsyas}의 살가죽을 벗기는 모습을 표현한 고대 그리스 조각상을 보고 깜짝 놀라 얼어붙었던 기억이 있다. 여러 번 그곳을 방문해 갤러리를 둘러볼 때마다 나는 시간을 초월한 그 조각상 앞에 어김없이 머물러 있었다. 어느 날 플루트를 주운 마르시아스는 능숙하게 악기를 다루게 되자 오만에 빠져 감히 아폴론 신에게 도전장을 냈다. (물론 신이라고 모든 경합에서 이기는 것은 아니지만 신에게 거는 편이 나았다고 해 두자.) 자연스럽게, 아니 어쩌면 (신의 영역이었으니) 초자연적으로 아폴론이 내기에서 이겼다. 오만했던 마르시아스는 나무에 묶여 산 채로 살가죽이 벗겨지는 형벌을 받았다. 이것이 조각상에 얽힌 이야기인데, 이 이야기에 담긴 영적 기운이 매번 나를 끌어당겼다. 시간이 지나면서 나는 그 조각상이 보여 주는 바깥 이미지가 특정한 내면 이미지를 반영하고 있었다는 것을 깨달았다. 마르시아스는 바로 내 자아의식이었다. 나 자신을 잘 안다고 자부했던 생각이 그렇게 벗겨지고 있었던 것이다.

키르케고르는 19세기의 도발적인 책《두려움과 떨림 Fear and Trembling》-자만심이 아니라 두렵고 떨리는 마음으로 혹은 겸손하게 구원을 이루어야 한다고 했던 성 바울로의 서신 구절에서 영감을 얻은 제목-에서 노이만보다 한 세기 앞서 그와 유사한 결론에 도달했다. 키르케고르가 사용한 것은 신학적 용어였지만 그의미는 매우 심리학적이다. 그래서 감성을 사용해 심리학적으로 접근하면 성서의 지혜를 충분히 이해할 수 있다.

키르케고르는 '아브라함과 이삭의 스캔들'이라고 불렀던 비유 틀을 가지고 이 역설적인 성서의 에피소드가 현대인에게 의미하는 바를 해석해 보라고 권한다. 있는 그대로 한번 생각해 보자. 만약 이웃이 자기 아들의 목에 칼을 대고 있는 모습을 봤다면, 경찰을 부르거나 자기가 직접 중재에 나설 것이다. 그러는게 맞다. 하지만 아브라함은 어떻게 그런 극악무도한 행위를 하고도 '믿음의 조상'으로 인정받는 것일까? 여기서 키르케고르는 사회적, 윤리적, 심리적 측면의 딜레마와 의사결정이라는 세 가지 단계를 구분한다. 대다수 사람이 활동하는 첫 번째 수준은 '미적' 단계다. 그가 말하는 미적 단계란 행복을 좇는 일상적이고 자기애적인 행동이다. 이해타산을 따지고 쾌락을 추구하며 고통을 회피하려는 목적에서 내리는 의사결정이 여기 해당한다. 자아도취 속에 살아가던 사람들은 성숙의 과정을 통해 두 번째 수준인 '윤리적' 단계로 올라간다. 이 수준에 이른 사람들은 사회적 계약의 합법적 요구와 사람 간의 마땅한 책임을 깨닫는다.

하지만 키르케고르는 우리가 '윤리적인 것의 목적론적 정지' 수준까지 올라가도록 부름 받았을지도 모른다고 지적한다. 〈안티고네〉에서 본 것처럼, 이 부름은 더 높은 소명-신성한 존재 또는 자신의 영혼-을 위해 윤리적 차원을 넘어서는 것이다. 야만스러워 보일 수도 있는 이 우화에서 키르케고르가 찾아낸 의미는, 아브라함이 가장 중요시하는 가치가 무엇인지 결정하라는 요청을 받았다는 것이었다. 이를 위해 그는 자신에게 가장 소중한 아들을 희생할 각오가 되어 있는지도 보여 줘야 했다. 다시 말해, 아브라함은 자아의 가치를 벗겨 내라는 요청을 받았다.

내 삶에서 그런 요청은 눈앞의 선택에 관한 것이 아니었다. 내가 선택할 대상은 분명했다. 나의 문제는 내 자신에 관해 놓치고 싶지 않았던 자아감에 관한 것이었다. 가장 소중히 여기는 자기 이미지를 희생하라는 요청은 삶의 교차점으로 우리를 부르는 초대장이다. 누구도 이 지점에 다다르고 싶어 하지 않지만, 우리는 삶의 여정을 지나는 동안 때때로 이곳에 이른다. 그곳에서 신들 또는 자기 영혼이 부여한 목적론적인 사명을 위해 자신을 만족 시키는 자기 이미지를 단념하게 된다.

이것이 얼마나 위태로운 길인지는 모두가 잘 안다. 우리는 모든 행동의 동기에 영향력을 행사하는 콤플렉스에 맞추기 위해서 라면 뭐든 할 수 있고, 오랜 시간이 지나서도 자기의 행동을 합리화한다는 것을 자신과 타인의 삶에서 목격해왔다. 여기서 중요한 것은 《두려움과 떨림》이라는 책 제목이다. 이 선택들이 얼마나 두려운 것인지, 진실하게 자기 영혼을 대하는 것이 어떻게 위험한지 깨달아야 한다. 그리고 이 깨달음이 우리에게 요청하는 것을 떨리는 자세로 대해야 한다. 두려움과 떨림은 충동적으로 움직이기보다 멈춰 기다리고, 자신의 딜레마에 나타나는 양극성을 존중하며, 자신의 옛 생각과 믿음을 새로운 것으로 기꺼이 바꾸는 과정을 성실히 밟으라고 우리에게 요청한다. 누가 이 어려운 교차점에 제 발로 다가가려고 하겠는가? 때로는 외부세계가 우리를 그곳으로 인도한다.

본회퍼의 경우가 그랬다. 그는 히틀러 정권에 저항하기 위해 뉴욕시에서 누리던 안정된 교수직을 내려놓고 사랑하는 조국 독일로 돌아가 결국 순교했다. 그런가 하면 자기Self가 그런 만남을 만든 까닭에 교차점에 다다를 때도 있다. 단순히 사회생활의 옳고 그름을 넘어서고, 안락하고 예측 가능한 장소를 벗어나야만 하는 지점에 이르도록 내면의 무언가가 우리를 밀어붙인다. 본회퍼의 가장 큰 시련은 나치에 반대하는 것이 아니었다. 그가 표방하는 가치는 분명했다. 오히려 그의 진실한 평화주의와 히틀러의 폭정을 끝내야 한다는 생각 사이에서 한쪽을 선택하는 것이 더 높은 소명이자, 그때까지 그가 평생 지켜왔던 윤리적인 것을 목적론적으로 멈추는 일이었다.

어두운 시절에는 자기Self가 내뿜는 빛을 분별하기 어려울 수도 있지만, 우리의 앞길을 인도할 빛은 그것뿐이다. 니체는 그 길을 따르기 전에 먼저 랜턴을 찾아야 한다고 말했다. 그 랜턴(또는 에밀리 디킨슨Emily Dickinson의 '나침반')은 진지하게 자아의 주권을 내려놓고 두려움과 떨림의 연옥에 머물 때 비로소 찾을 수 있다. 음울하고 거대한 바다 위에 떠 있는 조각과 같은 소심한 자아가 이런 힘겨운 교차점을 회피하거나 우유부단함, 합리화, 타인에게 투사, 몽롱한 마취 상태를 통해 그러한 요청이 주는 짐을 벗어 버리려는 이유를 충분히 이해할 수 있다. 우리는 저마다 칭얼거리던 유년기부터 연마해온 각종 회피 전략을 가지고 있다. 하지만 삶, 신들, 자기Self가 우리를 어두운 시간으로 부르는 일은 우리가 선택하는 일이 아니다. 그런 시간에 다다르면 우리는 오이디푸스처럼 세 갈래 길이 펼쳐지는 황무지에 놓이게 된다. 어느 길을

8장 물결치는 시절 사이를 항해하기

택해야 하며 그 대가는 무엇일까?

바로 이 힘겨운 시기에 영혼의 대장간에서는 연금술을 통해 더 큰 삶의 여정을 빚는다. 이곳에서는 작은 분자들이 변해 더 큰 분자가 될 때까지 열기가 올라간다. 자기Self는 '자아-세계'의 욕구를 초월하며 우리가 애지중지하는 가치를 희생하라고 요구할 때도 많다. 나사렛의 목수였던 예수가 했던 말인 "내 뜻대로 마옵시고 당신 뜻대로 하소서."가 떠오를 수도 있다. 이러한 변화를 겪어본 사람은 이미 지옥을 경험했기에 더는 지옥을 두려워하지 않는다. 그들은 앞으로 더 큰 시험에 들 것이며, 이전의 익숙한 장소로는 돌아갈 수는 없다는 사실을 잘 안다. 그러나 이후 그들은 더 진실한 모습으로 살아갈 것이며, 날이 갈수록 과거의 두려움이나 수많은 히스테리에 스스로 규정되지 않을 것이다. 이 힘겨운 시기를 통과한 대가와 때때로 닥치는 감당하기 힘든 결과는 더 깊은 의미를 경험하는 것으로 보상된다. 주변 사람의 인정은 중요하지 않다. 이것은 자신의 여정 속으로 내딛는 걸음이며, 삶의 어느 순간에서든 우리 모두 그 길에 들어서기를 요청받는다.

내면의 자연이 건네는
중요한 단서

책 초반부에서는 당혹스러울 정도로 많은 선택지가 존재하는 세상에서 우리 속의 자연이 지침을 제공하는 기본적 체계를 다루었다. 여기에 포함되는 여러 에너지 체계는 우리 스스로 올바른 길로 나아갈 때는 우리를 지원해 주지만, 그렇지 못할 때는 쇠퇴하고 물러난다. 우리는 이 에너지들을 강압할 수 있고 때로는 그럴 필요도 있지만, 권태감이나 기진맥진, 우울, 약물 의존이 생기지 않도록 이 에너지를 오랫동안 보유할 수는 없다. 감정 기능이 자율적으로 활동하며 우리의 질적 경험을 평가하고 자신의 의견을 덧붙여 이를 따져본다. 다시 말하지만 우리는 이러한 폭동을 억압하고, 갈라놓고, 마비시킬 수는 있어도 우리 스스로 만들어낼 수는 없다. 그래서 우리의 문화, 부모, 콤플렉스가 정의한 '옳은' 것을 다 실행할 수는 있어도 감정 기능은 계속 여기에 투자하지 않는다. 뭔가 '아닌 것 같다'는 느낌을 인정할 수밖에 없다. 이럴 때 자아ego의 의제와 자율적인 자기Self의 활동 사이에 거대한 분리가 일어난다.

선조들이 인식하고 존중했듯, 우리는 매일 밤 삶에서 일어나는 내면의 사건이자 유령 같은 존재인 꿈을 꾼다. 수면 연구에 따르면, 80세까지 산다고 가정했을 때 우리는 6년을 꿈꾸는 시간으로 보낸다고 한다. 자연은 에너지를 낭비하는 법이 없으므로 이 활동도 자연의 목적에 부합한다고 봐야 한다. 꿈에 주의를 기울이는 사람들은 꿈에 나타나는 이미지와 주제, 꿈이 연상시키고 비유하는 것을 추적하면 자기 삶에 대해 뭔가를 깨달을 때가 많다고 믿는다. 그렇다. 꿈은 논변에 사용되는 언어나 생각보다는 신화에 나오는 시mythopoetic적인 언어를 쓰지만, 우리가 자아 이해라는 편협한 틀에서 벗어나 상징적 표현으로 가득한 세계를 향해 자신을 활짝 연다면 꿈의 내용은 절대 기만적이지 않다. 다시 말하지만, 우리가 늘 헤엄치고 있는 거대한 신화 속으로 우리를 안내하는 것은 오직 상징적 표현뿐이다.[4]

우리는 이러한 중요한 단서와 집단적으로 단절되어 있으며, 문화적 요구에 의무적으로 대응하다가 우리 선조들과 다른 동물들이 알았던 중요한 원천에서 분리되었다. (프로이트는 이를 가리켜 "문명의 대가는 신경증이다."라고 간명하게 표현했다.) 삶은 위험하기에 우리를 앞서간 이들 중 누구도 두려움에서 자유롭지 않았으며, 고통과 죽음을 피해간 사람은 없었다. 선조들의 삶의 조건은 가혹하고 무자비했다. 하지만 우리처럼 자신과 적이 된 사람은 거의 없었다. 내면에서 건네는 지침을 외면하는 일도 드물었다. 오늘날 모두가 대가도 따져보지 않고 좇기 바쁜 경제학, 이데올로기,

교묘한 책략 같은 추상적 관념에 삶을 바치는 사람도 찾아보기 어려웠다. 옛날로 돌아가고 싶다는 향수에 젖어서 하는 말은 아니다. 우리는 과거로 돌아갈 수는 없다. 다만 좀 더 의식적 선택을 내리고 싶다면 지금부터라도 내면에 있는 권위에 주의를 기울여야 한다. 현대 생활의 대부분은 아우성치는 시대적 요구와 이로 인해 생애 이력에서 발동된 콤플렉스 그리고 새로운 암흑으로 빠지기 직전인 문화에 발맞춰야 한다는 욕구에 물들어 있다.

가장 난해하면서도 중요한 내적 인도는 우리가 의미 측면에서 끊임없이 일상을 점검하고 있다는 데서 드러난다. 우리는 권력, 부, 지위, 안정적인 관계, 의식의 망각 등 갖가지 동력에 봉사할 수 있지만 의미를 만들어내지는 못한다. 의미는 중요한 교차점에서 자신의 영혼과 올바른 관계를 맺을 때 얻을 수 있는 부차적 결과다. 아무리 위험한 길이라도 지금 향하는 곳이 자신에게 맞는 방향이라면 내면의 지지를 받는다. 그 과정에서 겪는 고통과 불확실성, 여기에 쏟은 노력은 목적의식으로 보상받는다. 이것은 가짜일 리 없으며, 시간이 지나보면 가장 힘겨웠던 여정도 의미로 가득했음을 알게 된다. 누군가에게 의미 있는 일이 다른 누군가에게는 그렇지 않다. 부모, 선의의 사회제도, 그리고 타인들의 어떤 길이 우리에게 의미에 대해서 말해 주려고 애쓰지만, 사실 그들은 타인의 영혼이 겪는 복잡한 우여곡절도 모르며, 내면에서 표출하려는 길도 알지 못한다. 나는 사람들이 다른 사람의 일에 건네는 선의의 조언에 여러 번 이의를 제기하기도 했다. 자기가 할 일은 스스로 찾아내야 한다는 사실을 일러주고 싶었기 때문이다. 부분적 정보만으로 결정하는 모든 선택(여기서는 가장 중요한 인생의 선택)에 따르는 시행착오를 겪으면서, 때로는 이리저리 부딪히면서 자기 길을 찾아내야만 한다.

결국 우리 모두는 내적 대화와 관련해 한 가지 도전 앞에 서게 된다. 즉 오랜 시간에 걸친 내면의 요구를 신뢰하는 법을 배울 수 있느냐는 것이다. 이를 바탕으로 행동하는 용기를 기르고, 탁 트인 곳에 이르러 그곳이 내가 속한 곳임을 직관적으로 알게 될 때까지 빽빽한 숲을 인내하며 지날 수 있는가 하는 것이다.

상실의 시기를 통과하며

고통스러운 이행기는 성장하는 우리 본성이 거치는 자연스러운 과정이다. 우리 주변에서 늘 변화하는 세상도 마찬가지다. 하지만 이 시기는 우리의 추측, 활동 패턴, 미래에 대한 계획, 갖가지 기대에서 우리를 떼어 놓기 때문에 우리는 이 변화를 그리 반기지 않는다. 이와 관련해 개인에게 가장 큰 외상을 남기는 예는 사별, 이혼, 장애로 배우자나 사랑하는 사람을 잃는 경우일 것이다. 사람들은 이런 경험 속에서 전혀 반갑지 않은 뜻밖의 상황을 마주한다. 모든 인생사는 애착과 상실 사이를 불가피하게 오가는 주기적 반복이다.

사람은 여러 면에서 이 제련의 시기가 얹어 주는 무게를 견뎌야 한다. 그중 가장 당혹스러운 경우는 배우자를 잃었을 때다. 남겨진 사람은 이제 전혀 다른 방식으로 삶의 여정을 새롭게 계획해야 한다. 물론 이런 자유와 특혜는 값비싼 대가를 치르고 얻은 것이므로 겸허한 마음으로 받아들여야 하지만, 전에 배우자가 감당하던 수많은 일을 이제 내가 맡아야 한다는 생각에 일종의 분노를 느낄 수도 있다. 이때 우리는 자신의 다양한 의존성을 고통스럽게 직면하게 된다. 그러나 다시 생각하면, 이렇게 새로운 일들을 만난 것은 일종의 자유이며, 내가 편안하게 여겨온 것보다 큰일에 도전하라는 초대다. 이 모호한 어둠의 시기에 비로소 우리는 성장하고, 자기를 충족시키고 자기 삶을 좌우하는 것보다 많은 것을 해내는 큰사람이 될 수 있다.

비애grief(悲哀)라는 단어는 '무겁다'는 뜻을 지닌 라틴어 gravis에서 유래했고, 이 단어에서 중대한grave, 중력gravity이라는 단어도 생성되었다. 비애는 분명 영혼을 무겁게 짓누른다. 하지만 슬픔을 제대로 기리는 방법은 자기에게 가치 있었던 것을 애도하고 있음을 인식하고 그 슬픔을 충분히 경험하는 것이다. 그 가치를 간직하고 최선을 다해 그 가치대로 살아가는 것이 애도의 자세를 삶 속에서 지속하는 방법이다.

몇 년 전 나는 아들을 잃고 깊은 슬픔을 경험했다. 이 크나큰 상실을 하루도, 아니 한시도 잊은 적 없다. 그렇다고 내 인생을 살아나가지 않는다면 아들에게도, 우리의 관계에도, 우리가 나눈 여러 가치를 위해서도 좋을 게 없었다. 최선을 다해 공동의 가치를 실천하고, 이 가치를 공유해서 주변 사람들에게 도움을 주려고 노력하는 게 아들을 위하는 최선의 길이었다. 물론 기념일이나 휴가 기간에는 좋았던 옛 시절이 떠올라 슬픔이 깊어진다. (나는 지금 겨울 휴가를 앞두고 이 글을 쓰고 있는데, 이즈음이면 아들의 빈자리가 유독 크게 느껴진다. 나는 치료사로서, 1월 중순이 되어 프로이트가 말한 '인생의 평범한 불행'으로 돌아오는 것을 늘 반가워한다.) 진짜 병은 부인(否認)뿐이다. 이런 상황에서 생겨나는 감정을 거부하는 일은 영적으로 거짓됨을 나타내는 병이다. 자기에게 주어진 것을 가지고 최선을 다해 나아가는 것이야말로 우리가 슬퍼하는 대상 덕분에 경험했던 모든 선물을 제대로 기리는 최선의 방법이다.

슬픔은 무언가 끝났다는 것을 정직하게 인정하는 것이다. 이는 우리 삶을 포함해 자연의 모든 존재가 거치는 자연스러운 경로다. 하지만 무언가가 끝나듯 앞으로 다가올 모든 순간에는 가능성이 담겨 있다. 지나온 길을 되돌릴 수는 없지만 상실을 통해 삶을 정돈하면 뭔가 새로운 삶의 장이 열린다는 사실을 깨닫지 못하면, 현실은 미래를 향할지언정 뒤로 되돌아가는 셈이나 다름없다. 그러므로 상실을 슬퍼했다면, 이제 그동안의 일에 갇힐 것이 아니라 이를 통해 확장된 모습으로 전진해야 한다. 그래야만 우리 영혼의 어두운 흙을 뚫고 새로운 정신의 싹이 돋아난다.

아들을 잃은 한 여인에 관한 고대 불교의 비유가 있다. 슬픔에 찬 여인은 붓다에게 찾아가 아들을 되살려 달라고 호소한다. 붓다는 여인에게 슬픔의 나무로 가 보라고 한다. 거대한 이 나무에는 애통해 하고 상처 입은 모든 사람의 슬픔이 그려져 있었다. 여인은 나무 주위를 돌면서 숱한 이들의 상실을 바라보며 자신의 상실을 깊이 생각했다. 붓다에게 돌아온 여인은 겸손한 태도로 이렇게 말했다.

"이제 알겠습니다. 다른 사람들처럼 저도 제 몫을 겪겠습니다."

우리가 간과하는 사실 중 하나는, 인간이라는 동물도 생존을 추구하도록 만들어졌다는 점이다. 엄청난 고통을 겪은 사람더러 이제 '그만' 할 때도 되지 않았냐고 실없이 말하는 사람을 보면 진절머리가 난다. 그만할 수 있는 고통은 없다. 상처에서는 끊임없이 피가 흘러나온다. 그래도 시간이 흐르면서 해결할 수 없는 삶의 다른 문제를 접하다 보면 전보다 큰사람으로 성장하고, 이에 따라 자신을 파괴할 듯 위협하던 일들도 충분히 감당하게 된다. 우리는 삶의 여정을 살아 나가기 위한 준비가 되어 있다. 헤아릴 수 없는 공간 속에서 좌충우돌하면서 돌고 도는 궤도에 꼭 붙어 있던 선조들의 회복탄력성을 가지고 있으며, 우리의 여정에 축적된 모든 것을 감당할 만큼 든든히 준비되어 있기에 생존하는 것이다. 힘든 시절은 좋은 시절과 나란히 찾아온다. 이 시간을 함께 보낼 때만이 이 여정의 풍부함을 경험할 수 있다. 다시 한번 강조하지만, 삶은 행복과는 전혀 관계없다. 중요한 것은 의미다. 그리고 의미는 큰 그림에서만 찾을 수 있다. 사람들이 온라인 게시물을 통해 세상에 자신을 보여줄 때면 궂은 부분은 싹 잘라내곤 하는데, 거기에는 의미가 존재하지 않는다. 올바른 생각, 올바른 신념, 올바른 실천을 아무리 동원해도 인간으로서 처하는 뜻밖의 상황을 피할 길은 없다.

우리를 앞서간 모든 사람이 그랬듯 힘든 시절은 이를 거쳐 감으로써 극복할 수 있다. 우리가 가야 할 길이 이전 사람들의 길보다 더 수월할 거라고 생각하는 까닭은 무엇일까? 우리가 삶의 어려움을 피해갈 수 있을 거라고 생각하는 이유는 무엇일까? 바가바드기타Bhagavad Gita(힌두교 3대 경전의 하나로 인도의 정신을 대변하는 경전-옮긴이)에는 영생하는 새 두 마리가 등장한다. 한 마리는 과일을 먹고, 다른 새는 이를 바라본다. 우리 존재의 일부는 생명을 지탱하려면 또 다른 생명의 희생이 요구된다는 태고의 잔혹한 진실에 늘 초점을 맞추지만, 다른 일부는 관찰하고 일관된 관점을 견지하며 사태를 이해한다. 내 친구 스티븐 던Stephen Dunn(미국의 시인이자 교육자-옮긴이)은 자신의 시 〈사랑Loves〉에서 이렇게 썼다.

> 이곳은 사랑스러움에도 실패가 따르는 곳
> 완전한 것은 아무것도 없네
> 이 모습이 얼마나 좋은지.[5]

영적인 성숙

이처럼 힘겨운 이행기를 극복하려면 자신보다 큰 그림을 볼 수 있어야 한다. 융은 우리 모두가 자기보다 거대한 것, 자신의 경험을 재구성해 깊은 차원으로 이끄는 것을 욕망한다고 말했다. 이에 따른다면 우리에게는 의식적이든 무의식적이든, 명백하든 그렇지 않든, 더 성숙한 영성을 함양해야 할 의무가 있다.

'더 성숙한 영성'이라고 말하는 까닭은 무엇일까? 영성은 곧 '종교'를 가리키는 말일까? 종교religion(re-legare)라는 단어의 어원에는 '다시 묶다' 또는 '다시 연결하다'라는 뜻이 있다. 즉 무언가가 단절되어 있음이 전제된 말이다. 그러므로 종교는 신, 또는 폴 틸리히Paul Tillich가 말한 '존재의 토대'와 다시 연결됨을 뜻한다. 자신의 자연 또는 영혼과 다시 연결된다는 뜻도 있을 것이다.

역사적으로 많은 사람이 이러한 타자가 전적으로 초월한 존재라고 추정했는데, 정말 그럴지도 모른다. 타자와 조우하는 모든 경험은 내면에서 이루어지며 그 방법밖에 없다. 그러니 초월적 타자와 다시 연결된다는 것은, 떨어져 나간 자아 콤플렉스를 풍부하고 깊은 울림이 있으며 우리가 평생 헤엄치는 무의식의 영역과 다시 잇는 것이라고도 말할 수 있다. 이로써 우리는 다시금 존재의 토대에 접붙어 더 쉽게 지지와 인도를 받을 수 있다. 이것이 바로 '치유'다.

슬프게도 수 세기 동안 이런 연결을 제공한다고 자부하던 여러 제도권에서, 더는 그 고리를 찾지 못하는 사례가 늘고 있다. 앞서 지적했듯, 의미 있는 대상과 연결되려는 우리의 욕구가 너무 큰 나머지 이런 탐색은 땅속에 묻히고 부, 지위, 쾌락, 섹스, 권력, 약물 등 갖가지 대용물로 대체되고 있는 것이다. 이에 따라 점점 더 많은 사람이 영성spirituality이라는 단어를 선호하게 되었다. 종교religion보다 덜 제한적인 느낌을 주기 때문이다. 어떤 쪽이든, 무슨 개념이든 과제는 같다. 영혼을, 더 작은 것이 아닌 더 큰 대상과 연결하는 일이다.

내가 보기에 성숙한 영성에는 몇 가지 특징적 기준이 있다. 그 기준 몇 가지를 꼽자면 다음과 같다. 한 사람의 영성은 간단한 답을 제공하지 않는다. 물론 이런 답들은 모호한 상황이 일으키는 불안을 달래는 데 크게 이바지한다. 그러나 영성은 이런 답을 안겨 주기보다는 겸손한 태도로 신비를 존중하고, '나의 빈약한 뇌와 제한적인 상상력이 삶의 본질적 신비를 조금이라도 밝혀냈다면, 이는 내 콤플렉스 또는 '확실한' 것을 바라는 내 욕구가 만들어낸 것이 분명하다.'라고 고백한다.('확실한' 것이 있다고 말하는 곳에는 무지, 망상, 완강한 어리석음, 또는 콤플렉스에 대한 추종이 있다.) 무지를 인정하는 영성만이 성장하고 발전할 가능성이 있으며, 삶의 여정에 따르는 위험과 불확실성을 감당하고 어려운 일이 생길 때 우리 곁에 머물 수 있다. 그 밖의 각종 교리, 의식ritual, 죄책감을 유발하는 것들을 비롯해 소위 '확실성'을 담고 있다는 것들은, 많은 현대인이 그러한 연결을 갈망할 때도 사람들을 멀어지게 한다.

성숙한 영성은 안락한 삶보다 더 깊은 삶으로 들어가 성장을 이루도록 강요하는 영성이며 자만심보다는 슬픔, 두려움, 한계를 수용하며 살도록 요구하는 영성이다.

성숙한 영성은 '공명resonance'의 원칙을 존중한다. 어떤 이미지나 만남이 우리 내면에 깊은 울림을 일으킨다면 그것은 우리에게 의미 있는 것이다. 울림이 없다면 의미도 없다. 우리가 공명을 만들어낼 수는 없다. 공명은 서로 좋아 함께 흥얼거리며 되울리는re-sound 것이다. 내가 특정 음식이나 그림, 생활 방식을 좋아한다고 해서 당신도 이를 좋아하라고 요구할 이유는 없지 않은가? 우리는 서로 다르며, 각자에게는 서로 다른 것이 울림을 준다. 아무리 많은 사람이 따른다 해도, 특정 그룹에 속하고픈 갈망이 아무리 크다고 해도 내게 울림을 주지 못하는 것은 내게 맞지 않는 것이다. 몸을 움직여서 그 밖의 것과 어울리려고 애쓸 수는 있지만, 애써서 울림을 만들어낼 수는 없다. 다시 말하지만, 이것은 우리가 세상을 헤쳐 나갈 자기만의 방법을 찾도록 도와주는 내면의 체계 중 하나이며 이 체계들은 자율적으로 활동한다.

융은 나이가 들면서 증상의 유형과 관계없이 대다수 사람이 '종교적이냐 영적이냐'를 놓고 분투한다는 것을 점점 더 크게 인식하게 되었다. 다시 말해, 앞서 보았듯 자아의 초점이 머무는 곳이 중요한 것은 아니다. 중요한 가치에서 분리된 지점, 그 가치를 전혀 찾지 못하게 된 지점이 어디인지가 중요하다. 우리를 무겁게 짓눌러 우리를 깨달음으로 인도하는 그 가치 말이다. 융은 이를 가리켜, 우리가 바라는 '치료cure'는 갈등을 해결하는 데 있지 않고, 쇠약을 낳는 양극단을 초월하는 데 있다고 말했다. 즉, '치료'는 '신성한 것—즉 우리의 가장 깊은 곳을 어루만지고 더 커다란 대상과 심오한 만남을 갖도록 이끄는 것-으로 다가갈 때' 일어난다.

현실 속의 예를 하나 살펴보자. 전에 내가 만났던 한 내담자는 음주운전으로 여러 번 체포되어 판사에게 알코올의존자 자조 모임에 다시 참여하고 치료받으라는 명령을 받은 사람이었다. 당연히 그녀는 둘 다 하고 싶지 않았지만 법규에 따라서 이를 이행할 수밖에 없었다. 몇 차례 상담을 진행한 후 내담자는 '더 높은 힘the higher power'이라는 은유적인 말을 듣고는 '내가 생각하는 더 높은 힘은 무엇일까?'라고 생각해봤다. 그녀의 마음속에 떠오른 것은 술병이었다. 그때 '이거라고?' 하는 생각이 들었다. '정말 이거라고? 이건 너무 하찮잖아!' 바로 그 순간 그녀는 깨달았다. 이후 그녀는 자신이 '치료' 방법이라고 생각해왔던 술에서 자발적으로 벗어났고, 그 뒤로는 더 큰 가치에 초점을 맞췄다. 이 신성한 만남 이후로 그녀의 삶은 점차 개선되었다. 이것이 바로 융이 말하는 신성한 존재와의 만남이다. 그 어떤 전통의 틀 안팎에서도 이런 만남을 경험할 수 있다.

어려움과 고통에서 도망치고 싶은 마음이 드는 것은 당연하다. 이때 우리는 자연스럽게 더 편안한 길을 찾는다. 이 깨달음에 도달하면 의식이 확장되어 더는 어려운 상황에서 도망치려 하지 않고, 어려운 것과 더불어 삶 전체에 기쁨을 선사할 의미

그런데 진정한 의미는 가장 힘들고 참기 힘든 고통의 순간에 찾게 된다는 걸 알면 어떤 생각이 들까?

를 결합하는 과제를 받아들인다. 릴케는 젊은 시인에게 건네는 조언에서 이를 다음과 같이 표현했다.

> 우리가 뭘 많이 아는 것은 아니지만, 힘든 길로 가야만 우리 곁을 지켜줄 확실함을 얻는다는 것만은 분명히 압니다. 고독은 좋은 것이지요. 고독에 머물기란 어려우니 말입니다. 무언가가 어렵다는 것, 그것이야말로 그 일을 해야 할 이유입니다.[6]

이런 순간에 우리는 자신을 갈라놓는 양극성 그리고 긴장 속에 양극성을 유지하는 상황에서 도망치려는 욕구를 전부 초월하게 된다. 융이 지적했듯 제3의 것이 나타날 때까지는 최대한 양극단의 긴장을 유지해야 한다. 여기서 제3의 것이란 양극단이 서로 만날 때 관여하는 성장 의제다. 가령 내가 더 크게 성장했다면, 지금은 나를 갈라놓는 이 양극성을 감당하고 이를 통해 확장하도록 요청받는 지점은 어디인가?

자신에게 물어보자. 양극성을 유지하면서 어느 쪽으로든 하나의 가치에 퇴행적으로 빠지지 않도록 내가 자라나야 할 심리 영역은 어디일까? 예를 들어, 생애 초기에 말대꾸했다는 이유로 앙갚음을 당했던 사람은 침묵, 회피, 공모가 안전을 지키는 가장 든든한 방법이라는 분명한 메시지를 받는다. 이때 안전에 대한 합당한 욕구를 초월하는 가치가 나타나면 이를 따르기 위해 상대와 대면하고 갈등을 겪어야만 하는데, 이 경우 내면에서 언쟁이 벌어진다. 영국의 소설가 그레이엄 그린Graham Greene은 소설《권력과 영광The Power and the Glory》에서 '위스키 신부'라는 캐릭터를 통해 이런 경우를 묘사했다. 그는 자기애와 유아성을 중독과 사제복 뒤에 숨기고는 자신이 설파하는 가치를 일상으로 어긴다. 목숨이 위태로웠던 중대한 순간, 그는 형을 선고받은 범죄자에게 병자성사를 베풀기 위해 국경을 넘다가 체포당해 총살된다. 그린은 신부가 영혼이 자신에게 요청하는 일을 행하기 위해 딜레마를 극복했고, 아마 그 순간 회피하며 분열된 채 살아온 타락한 삶을 구해냈을 것이라고 시사하고 있다. 우리 모두가 때때로, 어쩌면 삶의 여정 속에서 여러 번 그런 중대한 딜레마에 직면한다. 그때마다 우리는 제3의 것이 나타나 초월적 길을 보여줄 때까지 자신에게 존재하는 양극단을 감당해야만 한다.

내 아들 티머시가 살아 있을 때 뉴멕시코에서 우리 둘이 마지막으로 방문한 곳은 헤이메즈 산Jemez Mountains과 무너진 화산인 라 칼데라La Caldera를 지난 곳에 있는, 바위가 즐비한 거칠고도 아름다운 내리막이었다. 우리는 그날 함께 여행하면서 중요한 이야기를 나눴다. 과연 신이 있을까? 있다면 뭐가 달라질까? 삶이 우리에게 요청하는 것은 무엇일까? 최근에 우리는 얼마나 주의가 산만해졌는지, 요즘 이런 대화는 거의 이뤄지지 않는다. 유머 감각이 뛰어나 나이든 제 아버지를 잘 놀리기도 했지만, 내가 가장 좋아했던 아들의 모습은 그가 이런 대화를 나눌 줄 안다는 것이었다. 그날 여행을 마치고 귀가한 후에 티머시가 내게 자작시를 한 편 보내 주었다. 이 시에서 티머시의 놀라운 상상력, 그의 갈망과 아이러니의 감각 그리고 우리 모두가 속삭이는 듯한 신비 속을 헤엄치고 있다는 사실을 끊임없이 인식하는 그의 자세를 엿볼 수 있었다.

폭풍에 이름 붙이기

어렸을 적 나는 동물 인형에 이름을 붙여 주었다
동물 친구들이 가득한 동물원도 꾸며 보고
선장과 해적과 할리우드 스타들과
의미 있고 소중한 친구가 되었다
나는 모든 사람에게 비밀 보물 상자가 있을 거라고
늘 생각했다
이런 소중한 친구들이 가득 담긴

그리고 사춘기 때는 미래에 내 연인이 될 사람의 이름도
생각해봤다
우리는 자동차와 배에도 이름을 붙인다
반려동물에게도 자식처럼 이름을 붙여 준다
그리고 우리 아이들은 반려동물에게 그랬듯
자기가 좋아하는 것들에 또 이름을 붙인다
우리가 그랬듯, 아마 사람들도 다 그러겠지
우리는 자신이 만난 폭풍에 이름을 붙인다
이 모든 이름 붙이기 놀이는
이름 없는 신에게
나름대로 이름을 붙이려는 시도가 아닐까 싶다
뭔가 연결고리가 없다면
신이 우리를 못 알아볼지도 모르니까

티머시는 예배당에 다니는 신자는 아니었지만, 길을 걷다
가도 나뭇가지에 앉아 주변을 두리번거리며 까악까악 소리를 내는
까마귀를 보면 말을 거는 아이였다. 움직이는 바람 소리를 들으
면 영혼들이 지나가며 부드럽게 스치고 있다고 느꼈다. 현대인
치고는 매우 예민하게 깨어 있던 티머시는 한때 이 험준한 경사
를 걸어갔던 문명인들이 믿었던 혼령과 신성한 것들 사이를 지

금 걷고 있다고 말했다. 이것이 심오한 영성이다. 티머시는 이런 영성을 현대의 상업성에 빼앗기지 않았다. 사람을 사랑하는 것이 그가 예배하는 방식이었고, 예술을 사랑하는 것이 샌타페이 주가 관광으로 현금화된 세상과 그가 조금이나마 타협하는 방식이었다. 티머시의 이야기를 꺼낸 것은 신성한 것과 조우할 때 삶의 딜레마가 해결된다던 융의 뜻을 티머시가 직관적으로 이해했다는 점을 말하기 위해서이다. 티머시에게 있어 유형의 세계는 투명한 곳이어서 눈에 닿는 모든 곳이 신성함의 환한 빛을 자아내고 있었다. 그의 감성은 번지르르한 정치의 세계보다 한때 같은 경사 위를 걸어갔던 영혼의 정령에 더 가까웠다. 물론 티머시도 일상생활의 요건을 중요시해 정치 세계에 대해서 알아보고 그 속에 참여하기도 했다. 어떤 삶의 영역이 될지는 모르지만, 우리를 초월하는 것과 우리를 연결해 주는 대상을 찾을 때까지 우리는 양극단으로 갈라져 있을 것이다. 그때까지 우리가 안고 있는 갈등은 고통만 줄 뿐 의미를 선사하지 못한다.

삶에 대해 끊임없이 논평하는 정신과의 깊은 대화를 소중히 여기고, 자신의 분리된 삶 속 어디에서 제3의 것을 찾을 수 있을지 살피며, 이를 끝까지 해낼 의지를 보일 때, 인생의 이행기를 건너갈 채비를 갖춘 것이다. 이 여정을 위해 자연이 우리를 준비시켜 놓았다. 그 누구도 여기에 저항할 수 없다.

9장

♦

융이 가르쳐주는 의미를 찾아 떠나는 여행

여행으로는 아무런 도움이 되지 않는다고
생각하는 까닭이 무엇이오?
그대 자신과 계속 함께 다니지 않았소.
집을 떠나게 했던 것이 아직도 곁에 붙어 있으니 말이오.

-소크라테스(세네카 인용)

나는 현대 사상가 중에서 짧은 인생의 의미를 융만큼 깊이 들여다본 사람은 없다고 생각한다. 그는 우리 정신의 무한한 차원, 과거와 현재의 모든 사람을 통해 작동하는 동일한 정신적 구조를 인식했다. 그리고 이 에너지 영역을 가리켜 '집단무의식the collective unconscious'이라고 명명했다. 오늘 밤 내가 꾸는 꿈은 수천 년 전에 다른 영혼이 꾸었던 꿈과 같을 수도 있는데, 두 꿈은 모두 질서의 원리와 치유의 의제를 다룬다. 융은 이 조직적 패턴을 가리켜 원형archetype이라고 불렀다.

원형은 명사보다 동사로 받아들이는 게 유용할지도 모른다. 명사라고 생각하면 MRI나 CAT 스캔으로 확인될 법한 대상을 떠올리기 쉽다. 이와 달리 원형은 동사로서 조직하고 보상하는 에너지를 가리킨다. 나는 자동차를 떠올리고 나의 선조는 달구지나 전차를 떠올린다고 하더라도 그 심상을 일으키는 에너지는 같다. 원형은 내용물이 아니라 형성 체계이자 양식으로서 날것의 혼돈 속에 자연의 의미, 순서, 목적 등을 불어넣는다. 우리는 이런 형성 패턴에 상승/하강, 모성, 그림자, 죽음/소생 등의 명사를 대입하려고 할지도 모르지만, 이 패턴들은 특정한 에너지 집합체 주위에 모여 있는 경험들이다. 작가이자 교수인 조지프 캠벨은 그의 초기작에 《천의 얼굴을 가진 영웅The Hero with a Thousand Face》이라는 제목을 달았다. 여기서 영웅의 원형은 우리 삶을 늘 포위하는 쌍둥이인 두려움과 무기력에 맞서는 인격화된 에너지를 가리킨다. 이처럼 위압적이고 퇴행적인 힘에 직면해 삶을 끌고 가려면 우리 모두 '영웅'이 되어야 한다. 그 전장은 삶이 가지각색인 만큼이나 다양하다.

인간 정신에 관한 동서고금의 기록에서 융이 확인한 것 중 하나는 때때로 신God 또는 신들the gods이라고 일컬어진 초월적 타자의 원형이다. 초월적 타자에 관한 개인적 또는 부족적 경험을 둘러싼 '신'의 얼굴, 교리, 관행은 시대에 따라 다양하게 나타났다가 사라지곤 했다. 하지만 우리가 인간이라는 종으로서 직관적으로 경험하는 거대한 타자는 변함없이 남아 있다. 이런 이유에서 융은 종교를 프로이트가 주장하는 유아기적 퇴행이나 마르크스가 주장하는 아편으로 여기지 않았다. 융은 역사적 기록, 자기 환자들의 치료 과정, 자신의 경험에서 나온 자료를 보고, 종교는 우리보다 거대한 존재와의 의미 있는 연결에 대한 내재적 욕구의 표출이라고 해석했다.

여러 장에서 간략히 살펴봤듯, 한때 우리 선조들을 우주의 초월적 에너지와 연결했던 종족과 제도의 이미지가 사라지면서 수백만 명의 현대인은 세속적인 대용물을 찾아 나섰다. 융은 집단 의식을 잃고 황무지로 떨어져 버린 사람들을 돕기 위해 19세기 말에 이른바 '심층심리학'이 등장했다고 말했다. 지침을 주던 의미와 단절되면 신체적, 정신적 병리가 나타나거나 다른 세속적인 대용물에 투사하는 현상이 일어난다. 그중 가장 흔히 나타나는 것은 의미, 즉 자신의 인생 여정이 속한 큰 그림을 상실하는 것이다.

융은 조현병을 비롯한 다양한 영혼의 질병을 다루는 정신과 병동에서 정신의학자로 일했다. 이후 의학 모델을 넘어 자신의 이해를 확장한 끝에 삶 속에서 신성한 존재와 관계 맺을 때만이 자신의 고통을 재구성해 의미를 찾게 됨을 깨달았다.

고통과 갈등과 상실에서 자유로운 사람은 없지만, 이러한 경험이 안겨주는 두려운 대가를 넘어설 정도로 성장할 수는 있다.

쉬운 문제는 행동과 태도를 바꾸어 해결하면 된다. 이를 모르는 사람은 없다. 하지만 인생의 핵심 문제들은 결코 해결할 수 없다는 사실을 아는 사람은 거의 없다. 그나마 우리가 할 수 있는 일은 그 문제들을 해결하려고 동원한 자잘한 결심을 넘어서는 것뿐이다. 그러니 오늘 내가 얻은 깨달음은 내일 삶의 경험 속에서 반드시 재검토해야 한다. 몇 년 전에 본 만화에서는 한 심리치료사가 내담자에게 이렇게 말했다.

"당신의 문제를 해결할 수는 없지만, 당신의 불행을 설명하는 데 더 설득력 있는 이야기를 제시할 수는 있습니다."

나는 내담자들에게 자잘한 로드맵이나 전략을 접고 확장을 경험하기 위해 더 흥미로운 삶으로 뛰어드는 것이 상담의 목표라고 여러 번 이야기했다. 젊을 때는 인생의 딜레마에 대한 '해답'을 스스로 찾을 수 있다는 환상을 가질 수 있다. 성숙과 경험을 통해 서서히 지혜를 얻고 나면, 그 '해답'이 무엇이든지 간에 앞으로 겪을 일을 설명하는 데는 불충분하다는 사실을 깨닫게 된다. 변화하는 삶의 지형 속에서도 꾸준함을 유지하고, 문제를 해결하는 용기를 기르고, 때로는 기꺼이 원점에서 다시 시작하겠다는 의지를 갖출 때 피상적이고 감상적인 것 그리고 이에 버금가는 회의주의와 비탄의 대안을 얻을 수 있다.

지금부터는 융이 관찰한 심오한 내용을 주제별로 배워보고자

9장 융이 가르쳐주는 의미를 찾아 떠나는 여행

한다. 끊임없이 변하는 일상생활 속에서 각자 의미를 찾는 데 도움이 되었으면 한다.

삶의 진짜 문제들,
해결할 수는 없지만 넘어설 수는 있다

문제를 해결하고 넘어가려는 것은 의식적인 삶의 자연스러운 욕구이자 경향이다. 이러한 기질 덕분에 전부는 아니어도 삶의 여러 딜레마를 해결할 수 있지만, 안타깝게도 가장 중요한 딜레마들은 풀리지 않는다.

융 자신도 우리처럼 각종 갈등과 고착 장소를 신속하고 명쾌하게 해결하길 바랐다. 그는 이렇게 설명했다.

나는 늘 근본적인 해결이 불가능한 문제는 없다는 기질적 확신을 가지고 치료에 임했으며, 실제로 경험해 보니 환자들이 과거 자신을 파괴하던 문제를 넘어서는 경우를 종종 보게 되었다. 내가 앞서 말했던 이 '넘어서기 outgrowing'는 더 자세히 살펴보면 의식의 새로운 수준이다. 환자에게 뭔가 더 높거나 넓은 관심사가 나타나고, 이렇게 전망이 확장되면 해결할 수 없었던 문제가 시급성을 잃어버린다. 엄밀히 말해 문제가 해결되지는 않았지만, 새롭고 더 강력한 삶의 욕구가 나타나자 이전 문제가 시들해진 것이다.[1]

'하룻밤 자며 생각해보라'라는 오래된 격언을 따랐을 때, 정말 다음 날 마음이 누그러져 정서적 고통에서 빠져나와 문제를 새롭게 바라보게 되는 경우가 얼마나 많은가. 우리의 무의식도 새로운 관점을 제공하는 데 한몫한다. 주목할 만한 여러 예술적, 과학적 발견이 이러한 외부와 내부세계의 변증법 속에서 탄생했다. 분명 우리 내면의 어떤 자율적인 에너지가 끊임없이 문제를 다루어 때로는 의식적인 삶에서는 알 수 없는 새로운 관점을 제공하고, 해결의 열쇠를 건넬 때도 있다.

하지만 여전히 삶의 여러 문제는 해결할 수 없다. 예를 들어, 때로는 트라우마 덩어리가 우리의 체계 속에 남아 일상을 괴롭히며 거품을 일으킨다. 바다 속에 침몰한 배에서 수십 년간 부속품이 떨어져 나오는 것과 같은 이치다. (거의 80년 전 진주만에 침몰한 USS 애리조나호에서는 지금도 기름이 유출되고 있다.) 때로는 배신당한 경험, 크나큰 상실, 가 보지 않은 길이 끊임없이 떠올라 오늘의 삶에 먹구름을 드리운다. 이런 경험은 우리 정신에 영향을 미치는 이력의 일부이기에 절대로 '해결'할 수 없다. 하지만 우리는 현재 삶의 일들에 집중하는 데 의식을 쏟을 수 있다. '이 오래되고 끈 질긴 문제가 무엇을 하게 하고, 무엇을 하지 못하게 하는 걸까?'라고 자문할 때, 우리는 자신을 통해 세상에 흘러나오는 것에 대한 책임을 지게 된다.

몇 년 전 나는 《영혼의 늪지대Swamplands of the Soul》라는 책에서 우울한 장소-우울증, 상실, 배신, 비애 등-를 주기적으로 방문하는 것은 그 누구도 피할 수 없는 인간적 조건의 일부라고 제안했다. 하지만 삶의 '배신' 앞에서 분노하는 자세를 넘어서려면 또 다른 질문을 던져야 한다. '이 늪지대는 내가 지금 어떤 과제를 풀어야 한다고 요청하는 걸까?' 이렇게 자문하면 피해 의식에서 벗어나 우리 앞에 펼쳐지는 운명에 적극적으로 다가갈 수 있다. 이런 변화가 없다면 숙명이 운명을 이기게 된다. 융은 이렇게 요약한다.

"삶에서 가장 크고 중요한 문제들은 근본적으로 해결이 불가능하다. 당연한 이치다. 이것들은 모든 자기조절 체계에 내재된 필수적 양극성을 표현하기에 그렇다. 이 문제들은 결코 해결할 수 없다. 다만 넘어설 수 있을 뿐이다."[2]

이러한 관찰을 통해 융은 어떤 방정식이든, 어떤 딜레마든 한 쪽으로 기울면 균형이 무너져 조만간 보상이 필요하게 된다는 점을 시사한다. 분석심리학에서는 모든 진실의 반대 또한 진실이라고 본다. 이 사실에 자아의식은 실망하겠지만, 이를 상대할 만큼 자신을 확장할 의무가 있다. 마찬가지로, 인간관계의 궁극적 선물은 나를 돌봐줄 사람(그는 이미 무대에 서 있는 나 자신이다), 또는 두려운 운명에서 나를 지켜줄 사람이 아니라 '타자성otherness'을 내게 선사할 사람을 만나는 것이다. 상대의 타자성과 관계를 맺으려면 나를 확장해야 하고 이 일은 고통스러울 때도 있다. 오래된 '확실성'에 집착하지 않고 모호함을 껴안고 살면서 내가 할 수 있든 없든 삶이 내게 말하려는 것을 있는 그대로 배울 때만이 성장하고, 도량을 넓히고, 더 큰 삶의 여정을 걸어갈 수 있다. 그 때까지 삶이라는 과제는 우리의 참여와 관계없이 계속 진행된다. 성장을 촉진하는 더 넓은 시야를 기르는 것은 자신의 문제다.

외로움은 고독이 치료한다

사람들에 둘러싸여 있을 때도 외로움을 느낄 수 있다. 이때 곁에는 자신의 몸, 정신, 두려움 그리고 삶의 여정에 들어서라는 내면의 요청뿐이다. 소셜 미디어와 인터넷으로 우리 사회가 거대한 변화를 겪으면서 사람들 사이에 기대가 넘쳐났다. 덕분에 전보다 서로에게 더 가까이 접근하고 더 쉽게 서로를 찾아내게 된 것은 분명하지만, 그만큼 서로를 끊임없이 귀찮게 하고, 불쑥불쑥 서로의 영역을 침범하며, 원치 않는 상업적, 종교적, 정서적, 감상적 말들과 사소한 내용을 쏟아 부으며 서로를 이용하고 학대한다. (인간의 행적이 남는 곳마다 그림자도 발맞춰 따라온다.) 현대의 전자 세계가 선사하는 모든 연결성이 주는 혜택은 분명 인정할 만하지만, 우리가 그 어느 때보다 분열되어 서로 단절되어 있다는 생각도 든다. 프로이트는 아직 빈에 머물고 있을 때, 런던에서 딸이 보낸 편지를 받고 동료에게 이렇게 말했다.

"현대 세계를 한번 상상해 보게. 이 편지를 단 사흘 만에 받았다네. 현대 세계가 아니었다면 옆방에 있는 딸에게 가서 직접 대화를 나눴겠지."

현대가 선사한 이동의 자유 그리고 더는 자기 부족과 함께 살지 않아도 되는 사회적, 심리적 자유에는 모두가 손뼉을 치지만, 우리는 점점 더 서로에게서 멀어지고 내게 가장 중요한 것과 분리되는 듯하다. 대다수 사람은 자신이 속한 실제 '부족'이 무엇인지도 모른다.

외로움은 어떤 심리적 의미를 부여하느냐에 따라 병일 수도 있고 축복일 수도 있다. 외로움에서 도피하려는 태도는 자신에게서 도피하는 것으로 볼 수도 있다. 우리는 한때 모든 필요 사항을 충족하며 우주의 박동과 연결되어 있다가 세상에 태어나면서 갑자기 고통스러운 원초적 분리를 경험했다. 우주를 유영하는 우주 비행사의 밧줄이 끊어져 우주선의 모선으로부터 점점 멀어지며 표류하듯 말이다. 삶의 대부분은 안전과 보호와 양육을 받는다는 느낌을 갈망하며 원초적 타자와 다시 합일하려는 시도가 아닐까 싶기도 하다. 물론 이는 전혀 잘못된 것이 아니지만, 이런 욕구가 삶에 만연할 때 동원하는 갖가지 '대처 방법'은 우리의 성장을 저해하고, 우리가 개별적 영혼으로서 마땅히 세상에 내놓아야 할 것을 가로막기도 한다. 예를 들어, 이런 합일의 욕구로 인해 괴로운 관계를 맺고 있는 사람들은 현 상태를 유지하기도 한다. 외로움에 대한 두려움 때문이기도 하고, 거절당하기 싫은 마음에 자신이 생각하는 바를 주장하지 못하기 때문이기도 하다. 자연스럽고 흔한 이 두려움들은 더 충만한 자신이 되라는 내면의 부름을 외면하는 것이다.

우리가 원만하고 안전한 관계를 맺고 있다고 생각할 때조차 삶은 사별, 이혼, 장애 또는 선택을 통해 상대방을 우리에게서 떼어놓을 수 있다. 애착은 늘 상실과 연관되어 있다. 게다가 완벽한 양육이란 우선 아이에게 안정감을 심어준 뒤, 자신을 돌볼 수 있는 아이의 능력에 맞추어 점차 '버림받음abandonment'을 경험하게 해 주는 것이라고 주장할 수 있다. 버림받음의 경험이 평생의 불안을 낳는 것처럼 아이 주변을 맴돌며 아이에게 집착하는 것은 의존성을 낳고 '너는 스스로 삶을 감당할 수 없어. 늘 내 도움이 필요해.'라는 무언의 메시지를 심어 준다. 오늘날 엄마 아빠의 '치맛바람' 속에 자라는 세대는 그들을 기다리는 실제 세계에서 제대로 살아가지 못할 것이다.

나의 옛 동료는 대개 첫 상담 때 환자가 '큰 아이'인지 '작은 아이'인지 알 수 있다고 말한 적이 있다. 큰 아이는 스스로 성장을 이루어 나가지만, 작은 아이는 자기 삶을 책임져 줄 대리 '부모'를 여전히 찾고 있다는 것이다. 내 경험으로도 내담자의 예후는 대체로 스스로 삶에 책임을 지고, 비난을 멈추며, 누군가에게 구조 요청하기를 멈출 수 있는 능력에 좌우되었다. 심리학자 클라크 무스타카스Clark Moustakas는 "외로움이라는 실존적 경험을 극복하려는 노력은 자기소외로 이어질 뿐이다. 개인의 존재가 불러오는 고통스러운 외로움을 요령껏 회피하고 부인할 때, 그는 자기 성장을 이룰 수 있는 중요한 계기를 스스로 닫아 버린다."라고 결론지었다.[3]

분명 외로움은 우리가 자기 인식을 높이고 대처 기술을 개발하며, 오래된 관계 속에 숨어 있던 의존성에 직면하고, 정신의 대저택에서 아직 둘러보지 못한 새로운 방들을 찾을 것을 요구한다. 안톤 체호프Anton Chekhov는 비꼬는 듯한 말투로 "외로움이 두렵다면 결혼하지 마라."라고 한 적이 있다. 그의 주장은 릴케의 짧은 시 〈고독Einsamkeit〉에서 더 강화된다. 릴케는 두 연인이 사랑을 나누고 나면 '성교 후 슬픔postcoital triste'를 느끼며 그들 사이로 여전히 고독의 강물이 흘러간다고 표현했다. 왜 슬픔을 느끼는 것일까? 아마 결합 뒤에는 홀로된 존재로 돌아오기 때문일 것이다.

친구, 배우자를 비롯한 타인과의 관계는 내게 지지와 도전과 변증법적 발달을 안겨줄 수 있다. 하지만 우리가 홀로 서서 자기 길을 알아내고 용기 있게 그 길을 걸어갈 때 가장 많이 성장한다는 것도 사실이다. 늘 유행을 좇고, 다른 사람들과 어울리고, 온갖 소음에 둘러싸이는 것은 전부 자기 자신이 되는 일에서 도피하는 것이다. 사실 외로움의 유일한 치료제는 고독이다. 고독에 이르면 홀로 있을 때 외롭지 않다. 자신에게 스스로를 내어놓으면, 우리 자신이기도 한 그 타자와 진지한 대화를 나누게 된다.

융은 아래 글을 쓸 때 이 점을 잘 표현했다.

모든 경험 중에서 가장 높고 결정적인 것은…… 자기 자신, 또는 자신이 선택한 객관화된 정신과…… 단둘이 있는 것이다. 더는 스스로 지탱할 수 없을 때 무엇이 자신을 지탱하는지 알아내려면 환자는 홀로 있어야 한다. 이 경험만이 그에게 파괴할 수 없는 토대를 제공한다.[4]

달리 표현하면, 아무것도 지탱해 주는 것이 없을 때 무엇이 자신을 지탱하는지 알아내야 한다. 즉, 중요한 누군가를 상실해 깊은 분리 불안을 느낄 때, 가장 가까운 피난처로 달려가기보다는 그 상태 속에 머무르며 견뎌내는 것이다. 그 시간 동안 놀랍게도 우리는 내면의 무언가가 일어나 자신을 지탱해 준다는 것을 알게 된다. 죽을 것 같지만 죽지 않는다.

참을 수 없는 것을 참아냄으로써 우리는 사막을 지나면서 그곳에 있을 거라고 생각지 못했던 고마운 오아시스를 만난다.

자신에게 이러한 탄력성이 내재되어 있다는 사실을 깨닫는 것은 매우 놀라운 일이다. 얼마 전 몬트리올에서 활동하는 정신분석가이자 동료인 장 바우어Jan Bauer와 대화를 나누었다. 바우어는 가족과 친구를 떠나 취리히에서 분석 트레이닝을 받던 시절에 외국어를 쓰면서 외국 문화 속에서 지낸다는 게 무척 고립되고 우울했다고 말했다. 그럴 때 우리 정신분석가들은 우울증을 손쉽게 벗어나는 10단계 방법을 제시하는 대신, 허름한 자기 방으로 돌아가 우울증으로부터 의미를 찾을 때까지 견디는 식으로 대처했다고 말했다. 물론 그러는 사람도 있었고 아닌 사람도 있었지만, 실제 그렇게 했던 사람들은 방에서 나올 때 자신의 영혼을 더 강하게 느끼면서 아무것도 자신을 지탱해 주지 않을 때 자신을 지탱하게 한 무언가를 얻은 모습이었다.

외로움의 해독제는 타자와의 애착이 자신의 생존에 꼭 필요하다는 환상을 버리는 것이다. (분명 대중음악과 미디어에 말하는 중심 메시지는 그러한 타자가 자신의 생존에 꼭 필요하며 그를 잃는 것은 재앙과도 같다는 것이다.) 궁극적인 해독제가 없어도 괜찮다는 사실을 깨닫는 것 자체가 해독제다. 결국 대다수 관계는 우리가 상대에게 너무 많은 것을 원하기에 실패로 끝난다. 상대에게는 적게 요구하고 자신에게 더 많이 요구한다면 더 많은 관계가 유지되지 않을까? 이런 의미에서 릴케는 한 사람에게 건강한 관계란 타자의 고독을 지켜주는 것이라고 정의 내렸다. 우리가 아무리 애정을 가지고 돌본다고 해도 상대방의 삶을 살아 줄 수 없고, 상대방이 어려움을 겪지 않도록 해 줄 수도 없다. 상대방도 마찬가지다.

이 망상이 모두 사라지고 나면 매우 놀라운 것이 남는다. 이를 가리켜 융은 "외로움은 우호관계에 반대되는 것이 아니다. 외로운 사람만큼 우호관계에 민감한 사람은 없으며, 우호관계는 각 개인이 자신의 개별성을 기억할 때만 꽃피울 수 있기 때문이다."[5]라고 결론지었다. 그러므로 고독은 성취하는 것으로서, 홀로 있지만 외롭지 않으며 자신을 구하기 위해 남에게 의지하지 않는 상태라고 말할 수 있겠다. 고독은 끊임없이 확신을 얻으려는 나르시시스트의 태도와 거리가 멀다. 오히려 고독은 제 일을 실행하는 자기 관리 체계다. 즉 고독은 자신과 보내는 시간을 참을 수 있다는 것이며, 그럴 수 있다면 다른 사람도 나와 보내는 시간을 참을 수 있을 것이다.

내면의 그림자를 다루는 일

세상에 이상주의자가 부족했던 적은 없다. 나도 여전히 이상주의자 티를 벗는 중이다. 물론 지금도 여러 이상을 가지고 있지만, 살다 보니 그것들이 다 실현되길 기대하긴 어렵다는 것을 잘 알게 된다. 여전히 내 삶의 많은 가치는 변함없이 이상을 추구한다. 이상적 계획, 고상한 목적을 추구하는 단체, 고결한 뜻을 가진 사람들은 언제나 세상에 넘쳐났다. 하지만 문제는 늘 발생한다. 간단히 말해서, 개인이나 단체가 아무리 고상하고 좋은 뜻을 가졌다 해도 우리는 어김없이 일을 망친다. 비관론을 펼치려는 것이 아니다. 잔혹한 역사 전체를 놓고 보니 사실이 그렇다. 우리가 과학적, 기술적 진보를 동원해 그동안 성취한 것을 놓고 융은 아래와 같이 비평했다.

인간은 끔찍한 악몽이 세상 위에 펼쳐 놓은 두려움에서

전혀 구원받지 못했다. 애석하게도 지금까지 이성은 실패해왔으며, 모두가 피하려 했던 바로 그것이 무서울 정도로 계속 다가오고 있다. 인간은 수많은 유용한 기기를 거머쥐었지만, 이를 상쇄하기라도 하듯 심연의 표면을 터뜨려 버렸다. 이제 인간은 어떻게 되는가. 어디서 멈춰 설 수 있을 것인가![6]

융은 이 모든 자기파괴적 행동의 책임을 누구에게 돌릴지 알고 있다. 바로 자기 자신이다. 그는 이에 덧붙여 "인간의 가장 큰 죄악은 무의식인데, 스승이자 본보기로서 인류에 봉사한다는 사람들조차 여기에 깊이 빠져든다."라고 지적했다.[7] 이 말을 들으니 우리의 당면 과제가 무엇인지 분명히 알게 된다. 우리는 모두 학습, 합리성, 선의가 충분히 우리를 약속의 땅으로 인도할 거라고 추측하지만, 여전히 약속의 땅은 요원하며 앞으로도 그럴 것이다. 우리가 다양한 의제, 자율적이고 분열된 에너지들의 응어리로 가득한 피조물이기 때문이다. 우리는 항상 자기 망상에 빠질 가능성을 안고 있다. 융이 말하는 '그림자'는 우리의 과제를 더 깊이 숙고하는 데 가장 유용한 개념이다.

그림자는 우리 또는 우리와 친화적인 관계에 있는 사람들 속에 있는 요소, 에너지, 의제를 대표하는 것으로서 의식 수준에서 우리가 자부하는 가치와 모순된다. 많은 악이 그림자에서 유래되지만 그림자 자체가 악한 것은 아니다. 오히려 그림자는 우리 영혼의 반대 차원을 구현한다. 가장 간명하게 표현하면, 세상에서 나쁜 것은 우리 안에서도 나쁜 것이다. 2천여 년 전 로마의 극작가 테렌티우스Terentius는 "인간에 관한 모든 것은 전혀 낯설지 않다."라고 적기도 했다. 그러므로 더 좋은 세상을 만들고 싶다면 내 뒤뜰부터 가꿔야 한다.

그림자는 서로 소통하는 네 가지 영역에서 나타난다. 첫째, 그림자 대부분은 무의식 영역에 있어서 무의식적 방식으로 세상과 우리의 대인관계, 우리의 자녀에게 흘러들어온다. 우리가 그림자의 침투를 인식하게 되는 때는 그것이 불러일으킨 결과에 대응하기 시작할 때다. 둘째, 우리는 다른 사람-내가 비난하는 사람, 지구물리학적 경계 밖의 사람, 나와 종교나 피부색이나 문화적 형태가 다른 사람– 안에 있는 그림자를 보면서 자신의 그림자를 부인할 수 있다. 편협한 태도, 선입관, 전쟁은 모두 그러한 투사에서 나온다. 셋째, 우리는 그림자에 사로잡혀 그 강력한 에너지에 휘둘릴 수 있다. 우리는 폭력성 그리고 위험한 습관과 행동에 빠져들 수 있다. 우리는 청소년처럼 규범을 어기면서도 미소지을 수 있다. 넷째, 우리는 자신의 그림자를 의식할 수 있다. 진정한 작업이 시작되는 것은 이 경우다. 스티븐 던은 이렇게 말했다. "내가 누구인지 안다는 것은 좋은 소식이다. 그리고 나쁜 소식이기도 하다."[8]

1937년 예일대학교에서 강연하던 중 융은 그림자를 다루는 사람에게 벌어지는 일을 아래와 같이 설명했다.

> 그는 자신에게 심각한 문제가 되었다. 이제 이런저런 일을 저지르는 것이 그들이라고, 그들이 잘못되었다고, 그들에 맞서야 한다고 말할 수 없기 때문이다. 이 사람은 세상에서 잘못된 것은 바로 자신이라는 것을 알고 있다. 자신의 그림자를 다루는 법을 배울 때 비로소 세상을 위해 진짜 뭔가를 하는 것이다. 적어도 그는 오늘날 풀리지 않은 거대한 사회 문제 중 극히 일부분을 맡게 되었다. (…)자신조차 제대로 보지 못하고, 무의식적으로 언제나 함께 다니는 어둠도 인식하지 못하면서 어떻게 세상을 바로 보겠는가.[9]

자신을 자기 문제의 핵심 원천이라고 여기기란 분명 어려운 일이다. 우리는 대부분 살아가면서 큰 상처를 주고받는다. 하지만 이 과정에서 생겨나는 것은 그 상처에 관한 자신의 '이야기'다. 여기서 현실적인 질문이 남는다.

그 이야기로 인해 나는 무엇을 하고 무엇을 하지 않게 되는가? 그림자 작업에서는 자기가 미덕이라고 여기는 것과 그 반대되는 것을 함께 검토한다. 그것들도 우리를 통해 세상에 들어오는데, 진지하고 겸허한 태도로 이를 검토하지 않는다면 모르고 지나갈 수도 있다. 나의 질투심은 어느 지점에서 나타날까? 나의 분노는 어느 지점에서 새어 나올까? 내가 죄책감 때문에 깊은 바닥까지 가라앉는 것은 어느 지점에서일까?

이런 질문은 본질적으로 사람을 겸손하게 만드는데, 사실 자신을 낮추거나 자기 과실을 인정해야 할 상황을 좋아할 사람은 없다. 하지만 그러기 전까지는 해결하지 않은 나의 인생이 계속 세상으로 새어 나온다.

그림자가 없는 사람은 무의식적이거나 피상적인 사람이다. 반대로 자신의 그림자를 다루는 사람은 자기 주변-자녀, 배우자, 이웃, 동료 시민-에 더 많은 자유를 불러온다. 내가 직면하지 않으려는 내면의 문제는 항상 누군가 다른 사람이 짊어질 것이다. 우리가 여기 있는 이유는 서로가 삶을 헤쳐 나가도록 돕기 위해서일 것이다. 배우자, 자녀, 이웃에게서 내 문제를 떼어냄으로써 그들의 짐을 덜어 주는 것이 하나의 시작점이다.

우리의 정신은
말을 걸고 싶어 한다

개인적, 사회적으로 일어나는 많은 고통을 이해하는 가장 수월한 방법은 자연과의 합일이 깨진 곳을 살펴보는 것이다. 조심성 있는 사람들은 우리가 계속 지구를 약탈하면 반드시 격렬한 자연의 반응이 따르리라는 것을 알고 있다. 벌써 그런 일이 벌어지고 있음을 드러내는 증거가 많다. 하지만 우리 문화는 성공의 주된 방식으로 태평하게 낭비와 착취를 일삼고, 이익을 중시하는 삶을 유지하고 있다. 자연은 결코 나긋나긋하게 반응하지 않을 것이다.

　마찬가지로 우리가 성장하고 자문하고 탐구하기를 멈출 때마다 우리 정신이 우울증과 같은 병의 형태로 나타나며, 그때마다 우리는 약물에 빠지거나 주의를 돌릴 새로운 방법을 끊임없이 찾게 된다. 융이 비유한 대로 너무 꽉 끼는 신발(외부의 압박 그리고 적응을 위해 현상학적으로 만들어낸 '이야기')을 신고 계속 걷는다면 인생 후반부를 살아나갈 채비를 하지 못한다. 융은 이렇게 지적했다. "마흔 살 어른이 다닐 학교는 없다. (…)과거에는 종교가 늘 그런 학교 역할을 해 주었지만, 오늘날 종교를 학교처럼 여기는 사람이 얼마나 되는가?"**10**

나는 30년 전에 학계를 떠났지만 교육까지 저버리지는 않았다. 청소년들과 나누던 대화가 이제 40세 이상의 성인들과의 대화로 바뀌었을 뿐이다. 이들은 그동안 자아의 힘을 충분히 기른 터라 갖가지 문제를 지닌 자신의 인생 여정을 반성할 수 있었고, 그런 반성에 필요한 이력을 쌓은 상태였다. 나는 이처럼 인생 후반기 교육 프로젝트에 몸담게 되면서 세계 곳곳의 여러 융 소사이어티와 협력하게 되었다. 또 난해해 보이는 융의 생각을 쉽게 설명해 대중에게 그의 여러 통찰력을 빌려 주자는 뜻에서 책도 쓰게 되었다.[11]

고대인들에게는 그들만의 신성한 이야기와 의례가 있었다. 우리 선조들은 이를 통해 신비, 소용돌이치는 우주, 자신이 속한 자연세계의 다양한 질서와 연결되었고, 부족 공동체로 살아갔으며, 목적이 가득한 인생 여정을 걸어갔다. 연결고리 역할을 하던 이미지, 이야기, 의례가 점차 효능을 잃으면서 우리는 스스로 장치를 만들어내야 했지만, 여전히 각 개인에게는 자신만의 다이몬daimon이 있다. 다이몬은 신과 인간의 중간지대를 오가며 가교 역할을 하는 영적 존재를 가리킨다. 소크라테스는 자아의식을 가진 자신이 철학을 하는 것이 아니라 다이몬이 그의 자아 구조를 통해 세상에 말한다고 설파했다. 플라톤은 뮤즈muse라고도 알려진 다이몬이 예술가를 사로잡아서 화가나 음악가를 자신의 표현 수단으로 사용한다고 생각했다.

나는 어떤 문제를 놓고 고민하거나 까다로운 결정을 내려야 할 때 갑자기 선명한 해결책이 떠오른 적이 많았다. 분명 이 책을 읽는 당신도 그런 경험을 해 봤을 것이다. 내 방에는 나밖에 없다고 생각하던 젊은 시절에는 스스로 해답을 얻은 거라고 주장했을지 모르겠다. 사실 그 시절에는 나의 내면에서 정말 무슨 일이 일어나고 있는지 전혀 알지 못했을 뿐이다.

그래서 내가 조사해야 할 가장 중대하고 강력한 단 하나의 일은 내가 분석하는 내담자와 내 내면에서 활동하는 자율적 타자를 확인하는 일이다. 무언가가 우리를 통해 세상에 들어오려고 늘 애쓰고 있다. 성장과 발전을 원한다면 이 조우에 마음을 열고, 여기에 승복하며, 이를 통해 한 꺼풀 한 꺼풀씩 의미를 발견하는 데 협조해야 한다. 이에 대해 융은 강력한 어조로 이렇게 말했다.

"잔혹한 진실에서 이탈할 때 신경증적 불안이 나타나며, 우리는 오늘날 그런 불안을 충분히 경험하고 있다. 불안은 무의미를 낳고, 무의미한 인생은 영혼이 병들었다는 것을 보여 준다. 우리 시대는 이런 상태가 진정 무엇을 의미하는지 아직 털끝만큼도 이해하지 못했다."[12]

우리의 다이몬은 수호신이자 변함없는 동반자다. 유년기부터 지금까지 우리 곁에 있었지만, 대개 다이몬의 목소리는 환경의 소음 속에 묻혀 있다. 이 소음은 우리를 위협하는 두려움, 분열을 일으키는 '이야기', 자신의 영혼을 외면하는 데 사용하는 대중문화 속 갖가지 오락거리다. 간단히 말해 우리의 다이몬은 평상시 자아의식을 초월하는 지혜와 만나는 개인적 연결고리다. 다이몬은 우리를 통해 진정 올바른 것을 구현한다. 이 요청이 편안함을 추구하는 자아에게는 아무리 고된 것이라 해도 개의치 않는다.

역사는 다이몬의 소환 앞에 자아의 의제를 굴복시켰던 위대한 사람들로 가득하다. 넬슨 만델라 Nelson Mandela, 마틴 루터 킹, 디트리히 본회퍼 등은 분명 우리처럼 평범한 삶을 살길 바랐지만, 그들의 영혼은 안락하고 안전하게 사람들과 잘 어울려 살고픈 욕구를 희생해 불의한 시대에 반응하라고 요구했다.

우리의 자연은 쉬지 않고 변화하며 성장을 추구한다. 외부 세력이나 내부의 저항이 이러한 성장을 가로막을 때, 우리는 혼이 죽어가는 끔찍한 경험을 한다. 지금도 수많은 사람이 자신을 제한하는 사회적 구조 또는 두려움이 만들어낸 '이야기' 때문에 혼이 위축되는 고통을 겪는다. 그런 이야기에서 비롯된 여러 적응 전략은 자신의 운명과 만날 기회를 점점 더 멀리 떨어뜨려 놓는다. 갖가지 젠더 정의와 인권 박탈이 얼마나 영혼을 옥죄어 망가뜨리는지 생각해보라. 수많은 사람이 자기 몸을 수용하지 못하고 건강한 성性을 누리지 못하는 것도 마찬가지다. 집단적 두려움을 규범적 '책임'과 '의무'로 성문화함에 따라 각 개인은 큰 고통을 당했다. 자연의 목소리가 위축될 때마다 그림자는 지하로 내려가 활동하고 그 뿌리에서 병리가 생겨난다.

정신의 성장은 새로운 것에 대한 학습, 여행, 다양한 형태의 탐구를 통해서 이루어지기도 하며, 단순히 자신과 단둘이 앉아 때때로 영혼의 목소리에 귀 기울임으로써 이룰 수도 있다. 독일의 시인 프리드리히 횔덜린Friedrich Hölderlin은 〈귀향Homecoming〉이라는 시에서 "그대가 구하는 것은 가까이에 있고, 이미 그대와 만나려고 다가오고 있다."라고 썼다.

한번 상상해 보라. 진정 나에게 맞는 것을 알아낼 가능성은 사실 늘 내 곁에 있다. 물론 그러한 삶을 살아갈 용기를 갖춰야 하겠지만 말이다.

무언가가 우리를 통해 세상에 들어오려고 늘 애쓰고 있다. 우리의 자연은 쉬지 않고 변화하며 성장을 추구한다.

두려움과 무기력은
최고의 적수

1912년, 융은 혁신적이면서도 난해한 책을 출간했는데 이 책은 개정을 거쳐 《변용의 상징들Symbols of Transformation》이라는 새로운

9장 융이 가르쳐주는 의미를 찾아 떠나는 여행

제목으로 출간되었다. 융은 프로이트처럼 우리 본능이 가진 지적적 역할을 인정하고, 알프레트 아들러Alfred Adler처럼 우리가 사회화되는 방식을 인정한 데 더해 인간이라는 동물에게 '상징적 삶'이 있다고 주장했다. 즉 우리 삶에 작용하는 보이지 않는 에너지 장이 있으며, 인간은 신체와 대인관계뿐만 아니라 혼이 관여되는 피조물이라고 보았다. 외관상 이 책은 융이 만나본 적 없는 한 여성의 적극적인 상상에 관한 기록을 동료에게서 건네받고 이를 분석한 내용이다. 융은 이를 통해 상징을 만들어내는 동물인 인간 내면의 자연스럽고 심리신화적인 역동을 탐구한다.

이 적극적인 상상에서 글쓴이는 아즈텍족 지도자의 페르소나를 통해 영웅을 사랑하는 인물을 구현한다. 융은 이 영웅의 게슈탈트gestalt를 살펴보면서, 각 사람의 내면에 있는 선천적인 에너지 덩어리에 대해 말한다. 이 에너지의 과제는 외부든 내부든 위협을 가하는 어두운 힘을 전복시키는 것이다. 외부의 위협은 우리 앞에 나타나 두려움을 일으키는 세속적 권력자들과 통치자들이다. 융에 따르면 두려운 상황에 직면했을 때, "악마의 영혼은 두려움, 부정을 일으키며 생명에 맞서 영원히 투쟁하면서 모든 숭고한 행위를 저해하는 적의로 나타난다."라고 지적했다.[13]

우리 모두는 이를 잘 알고 있다. 우리의 반사적이고 패턴화된 행동은 다른 어떤 동기보다 두려움에 대응하거나 또는 두려움에 휘둘릴 때 보이기 때문이다. 동시에 우리는 이런 충동이 얼마나 깊이 뿌리박혀 있는지 간에, 우리 자신의 모습으로 삶이라는 무대에 나타나라는 소환도 알고 있다. 뒤이어 융은 이렇게 말해다.

"영웅에게 두려움은 난제이자 과제다. 대담해져야만 두려움에서 벗어날 수 있기 때문이다. 이 위험을 감수하지 않는다면 삶의 의미가 훼손되며, 미래 전체가 절망적인 진부함에 빠져 마치 도깨비불만 비치는 잿빛처럼 될 것이다."

이렇게 위협적인 외부세계보다 훨씬 크고 교활하며, 우리 삶의 여정이 세상에 실현하려는 프로젝트를 외부세계만큼 방해하는 힘이 있다. 이 힘은 무의식의 유혹인 나태함인데, 융은 이것이 우리의 가장 큰 악덕이라고 보았다. 융은 이렇게 적었다.

"늘 최악의 적이 눈앞에 있다고 상상하지만 사실 그 적은 언제나 내면에 있다. 심연을 향하는 치명적 갈망, 자신의 원천 속에 빠져들려는 갈망이다." 선조들도 잘 인식했듯 "이 퇴행적 경향성은 우리가 종교로 알고 있는 위대한 심리치료 체계를 통해 원시시대부터 꾸준히 저지되었다. 종교는 인간이 유년기의 잠에서 젖을 떼게 함으로써 자율적인 의식을 만들어내려고 한다."

여기서 융은 여러 통과의례와 종교의 교리적 충실성이 인간의 리비도libido를 동원해 부족과 개인을 보존하고 생존을 강화하는 행동을 만들어냈다고 말한다. 이로써 의존 성향과 나태로 퇴행하는 것을 예방한 것이다.

우리는 날마다 내면에서 거대한 투쟁을 치른다. 두려움의 위협과 무기력의 유혹 사이에서 자아가 치이다 보면 진정한 삶이 생겨날 틈이 전혀 없다. 두려움을 갖는 것은 범죄가 아니다. 인간이란 원래 그렇다. 하지만 두려움에 가득 찬 삶만 사는 것은 범죄다. 많은 사람은 두려움이 없는 것을 용기라고 생각하지만, 정신병이나 망상에 빠진 사람만이 두려움을 가지지 않는다. 용기란 거대한 세상과 그 힘에 직면해 자기 모습을 드러내는 것이다. 한편 무기력의 힘도 간과해서는 안 된다. 감각을 무디게 하는 최면성 화학 물질과 우리의 주의를 빼앗는 갖가지 판타지를 쉽게 구할 수 있는 지금 같은 사회에서는 더욱 그렇다. 사실 우리는 '복잡한 일이 생긴다면 쇼핑하러 가자.'라고 속삭이는 문화 속에 살고 있다.

우리 모두는 생명의 불꽃과 개성화 과제를 안고 있는 비천한 존재들이다. 개성화individuation는 어리석고 자기애적인 자아도취가 아니라, 우리를 통해 세상에 들어오려는 무언가에 승복하는 것을 가리킨다. 즉 안팎의 장애물인 두려움과 무기력에 날마다 맞서야 한다는 것이다. 이건 우리 모두의 일이며 예외란 없다.

삶이 우리에게 봉사하는 것이 아니라, 우리가 삶에 봉사해야 한다.

내가 사는 곳은 4층짜리 주택이다. 나는 매일 아침 지하 주차장까지 엘리베이터를 타고 6층 높이를 내려오는 동안 간단한 여섯 단어를 되뇐다. 필요하다면 당신의 주문으로 삼아도 좋다.

입 닫고 Shut up.

옷을 다듬고 Suit up.

자신을 드러내자 Show up.

첫 번째 문장은 불평불만을 멈추겠다는 다짐이다. 우리 중 대다수는 많은 혜택 속에 산다. 전부는 아닐지라도 많은 사람은 음식과 몸을 누일 거처, 상대적인 안전을 누리고 있다. 그러니 그만 불평의 말을 거두자. 두 번째 문장은 내가 몸담은 일에 합당한 노력을 기울이겠다는 각오다. 준비하고, 숙제를 마친다. 오늘 하루를 적극적으로 살아갈 준비가 되지 않았다는 변명은 있을 수 없다.

마지막 문장은 내가 해야 할 일은 자신을 나타내는 것, 즉 그저 최선을 다할 뿐이라는 뜻이다. 해야 할 일에 자신을 내던지는 것이다. 누구도 완벽하지 않으며, 완성된 경지에 다다른 사람도 없다. 그 누구도 살아서 이 삶에서 빠져나갈 수 없다. 그저 최선을 다하면 된다. 그것이 모든 개인과 역사에 요구되는 바다. 그러는 동안 때때로 자신을 용서하려고 노력하자. 우리가 봉사해야 할 삶이 바로 여기 있다. 신비로 가득한 삶을 우리는 절대 파악하지 못할 것이다.(삶의 신비를 알아냈다는 어리석은 자들의 말에는 귀 기울이지 말자.) 단 한 가지는 분명하다. 우리는 광활한 우주에 놓여 있는 이 시름 많은 행성에서 우리 자신, 가장 좋은 모습의 나를 실현하기 위해 여기 존재한다는 사실이다.

우리는 종종 불안을 다스리고 자신을 보호하는 데 치중하는 오래된 적응 전략의 안이한 힘에 의해 두려움에 사로잡힌다. 그런가 하면 미지의 세계를 걱정스러운 눈으로 바라만 보다가 차마 발을 내딛지 못한 채 앞길이 닫히기도 한다. 우리가 익숙한 쪽을 고수하려는 것은 당연하다. 하지만 우리 안의 무언가는 항상 알고 있고, 늘 항변한다. 그리고 우리가 오래된 내면의 분열과 원초적인 이야기로 마음이 기울 때면 인정과 지지를 거둬들인다.

상황을 잘 매듭지어야 하는 자아의식은 내면의 의회에서 뒤쪽 의자에 앉아 아우성치는 불안당Anxiety Party의 소란을 잠재우고 오래된 질서를 되찾으려고 애쓴다. 이에 반대하는 영혼당Soul Party은 성장, 재생, 위험 감수, 확장을 외치며 선동에 나선다. 명예로운 자아 총리는 금방이라도 싸울 듯한 양쪽 모두를 만족시켜야 하는 불가능한 과제에 시달린다. 자연히 이 불안한 정부는 지방 곳곳에서 반란을 조장하는 강도와 게릴라로 가득한 고통스러운 꿈 때문에 밤마다 혼란에 빠진다. 결국 많은 정부가 개인적인 권위를 놓고 벌어지는 이 투쟁을 감당하지 못해 사임하고, 두루두루 잘 어울리는 것이 수월하겠다는 생각에 지침을 주는 전통, 외부 지도자, 그 외의 다른 주체에게 가치 선택의 의무를 위임한다. 내면의 강도와 게릴라들이 협조만 해 준다면 모든 일이 잘 해결될 테지만, 밤마다 눈을 감으면 그들은 다시 사탕수수밭을 휘젓고 다니면서 내면에 폭동을 일으킨다. 머지않아 국회의사당까지 진군할 태세다.

어떻게 하면 자신의 길을 찾고 올바른 결정을 내릴 수 있을까? 때때로 갈피를 못 잡을 때면 뭔가 뜻밖의 것이 내면에서 나타날 때까지 아주 오랫동안 매우 불편한 상태 속에서 살아야 한다. 이에 대해 융은 아래와 같이 썼다.

의무의 갈등이 저절로 해결된 듯하고, 자신도 모르게 또는 마음을 배제하고 내린 결정 사항의 피해자가 되었을 때에야 비로소 올바른 길에 들어섰다는 느낌이 들 것이다. 이로써 우리는 자기Self의 신성한 힘을 알 수 있다. 다른 방법으로 이를 경험하기란 매우 어렵다. 그래서 자기Self의 경험은 늘 자아ego의 패배다.**14**

다시 말해, 우리 삶의 궁극적 의사결정은 자아보다 더 상위에 있는 주체가 담당한다. 자아의 의도는 일상생활을 다스리는 것이다. 하지만 자아의식이 자기의 의지를 따를 수 있다면, 정당함에 대한 심오한 인식, 평화, 전체성wholeness을 이루어 일치감을 누리게 된다. 이런 상태는 분열되고 갈라진 상태로 서로 적대하는 분파들이 모여 있을 때가 아니라 우리가 자신과 온전히 하나가 되었을 때 이룰 수 있다.

우리 모두는
의미를 만들어내는 존재

장 폴 사르트르Jean Paul Sartre는 까다로운 삶의 선택 앞에 믿고 의지할 로드맵과 지침을 바라는 우리의 욕구를 가리켜 "인간을 자신의 구원으로 이끄는 경로는 따로 있지 않다. 자신의 길은 끊임없이 스스로 만들어내야 한다. 하지만 그러기 위해서는 자유로운 상태에서, 책임감을 가지고, 변명을 없애야 한다. 모든 희망이 자기 안에 있다."15라고 말했다. 우리는 대부분 일종의 로드맵, 분명한 지시, 위대한 스승, 집단의 승인에 따른 허가를 좋아한다. 물론 햄릿 형제의 내적 갈등을 통해 배움을 얻었듯 다른 사람, 훌륭한 문학 작품 속에서 가르침을 얻을 수 있다. 하지만 아무리 진지하게 임한다고 해도 다른 사람의 길을 간다는 것은 내 삶이 아닌 타인의 삶을 사는 것이다. 더 내놓을 패도 없고, 멋진 모자이크에 더 얹을 조각이 없다고 여길 수도 있다. 하지만 이런 생각은 자신의 인간성personhood을 실현하라는 부름을 저버리는 길이다. 때때로 "(우리가) 더는 자신을 지탱할 수 없을 때 무엇이 (우리를) 지탱하는지 알아내려면 홀로 있어야 한다. 이 경험만이 (우리)에게 파괴할 수 없는 토대를 제공한다."라고 했던 융의 말을 기억해 보자.[16]

융은 우리 각자의 내면에 우리의 지식보다 현명하고, 우리의 배움보다 깊고, 우리의 연대기보다 오래되고, 우리의 굳은 확신보다 더 단단한 중심이 있음을 깨달으라고 말한다. 때때로 삶은 우리를 낮추고, 심사숙고하게 만들며, 원점으로 돌아가 새로 시작하기를 요청한다. 상실을 경험했다고 생각하는 그때, 의식적인 도구를 다 써버렸을 때, 길을 잃었을 때 바로 그 자리에 우리를 도울 만한 자원이 있다고 생각하면 좋지 않은가?

1929년에 정신 치료의 목표를 기술하면서, 융은 치료 프로젝트에서 중요한 것은 '완치'가 아니라고 밝혔다. 삶은 질병이 아니기에 계속 살아내야 할 지속적인 실험에 더 가깝다고 보았다. 그래서 모든 치료의 공통적인 작업은 "치료의 문제이기보다는 환자 내면에 있는 창조적 가능성의 잠재력을 개발하는 데 더 가깝

다."라고 밝혔다.[17]

　자연이 기획한 대로 우리는 적응하고, 회복하고, 자원을 변통하는 무한한 능력을 지녔다. 이런 특성이 없었다면, 인간이라는 종은 이 행성에 존재하는 위험을 극복하지 못했을 것이다. 주변의 다양한 힘에 적응-때로 자신의 영혼을 왜곡하고 심지어 침해하기도 하는 적응-하듯이, 우리는 외부 세력이 우리를 교묘히 조종할 때마다 자신을 좁은 틈 속에 가까스로 끼워 넣는다. 이렇게 적응하면 가정이나 사회에 자신을 맞출 수 있지만, 동시에 엄청난 대가를 치르기도 한다. 이처럼 외부의 압력 때문에 행한 모든 적응은 무시하지 못할 정도로 정신에 깊은 상처를 낼 위험이 있다. 그래서 불협화음을 내는 현대 문화의 홍수 속에 나름의 적응 방법을 찾더라도, 이에 따르는 숨은 대가는 뒤숭숭한 꿈자리, 감각을 마비시키는 중독, 갖가지 형태의 부인(否認)이나 주의 전환으로 나타난다. 한 예로, 집안의 메시지나 문화적 의무와 금기를 따르거나 순간순간의 압박에 굴복해 '올바른 것'을 행하려다가 어느 순간 공허함을 느끼면서 이용당하고 배신당한 것 같은 느낌을 받는 사람이 얼마나 많은가? 사람들 속에 '잘 어울리게' 해준다는 이 적응 전략들이 덫과 제약이 되어 우리 안에 흐르는 발전의 욕구를 억제하거나 망가뜨릴 수 있다니 정말 씁쓸한 역설이다.

정신병리를 정신이 표명하는 정당한 항의이자 삶의 선택지를 더 넓은 범위에서 바라보라는 요청으로 이해한다면, 우리에게 내적인 지도 체계가 있다는 사실을 알 수 있다. '올바른 것'을 빠짐없이 행하고 있다면, 왜 계속 이 에너지에 맞서면서 의심과 우울과 씨름하고, 나를 쫓아오는 미지의 대상보다 한걸음 앞서려고 하는 걸까? 융은 이 흔한 현상을 꽤 분명하고 강력하게 지적했다. 그는 자신이 맡았던 수많은 내담자가 "임상적으로 정의된 신경증 때문이 아니라 삶에 의미와 목적이 없어서 고통 받고 있다."라며 "이것이 우리 시대의 전반적인 신경증이라고 해도 과언이 아니다."라고 지적했다.

대다수 사람은 분명 자신에게 올바른 것이 무엇인지 '알고 있다'. 이미 알고 있는 것을 인식하기를 두려워하거나 부담스러워할 뿐이다. 융은 "내 환자 대다수는 더 깊은 진실을 알았지만 그대로 살지 않았다. 왜 그랬을까? 자아에만 의존해 살아가게 하는 편견, 의식적인 마음에 더 가치를 둘 때 생기는 편견 때문이다."라고 했다. 기본적으로 융이 말하는 '의식적인 마음 conscious mind' 이란 순간순간 일어나는 콤플렉스가 다스리는 마음을 의미한다. 그래서 우리가 '우리의 올바른 마음'에 서 있는 경우는 드물다. 대개는 보이지 않는 '메시지'에 포섭되어 이에 봉사하려고 한다. 즉 자신의 가장 깊은 내면에서 나오는 격려보다 자신에게 부여된 권위에 봉사한다는 것이다.

대다수의 자기계발 서적은 '행복'에 관해 장황하게 논한다. '30일 만에 ○○하기', '○○하는 손쉬운 5단계 방법' 같은 식이다. 하지만 이런 시시한 방법은 영혼을 살찌우지 못하고, 혼에 불을 지피지 못하며, 새로운 세상을 만들지 못한다. 행복을 추구한다는 것은 그럴듯해 보이지만 기만적이다. 행복은 외적인 선택과 내적인 현실이 합치하는 아주 드문 순간에 덤으로 얻는 것이다. 또 다른 에세이에서 융은 이렇게 썼다. "정신치료의 중대한 목표는 행복이라는 불가능한 상태에 환자를 옮겨다놓는 게 아니라, 그가 고통 속에서도 확고함과 차분한 인내심을 습득하도록 돕는 것이다. 삶은 자신을 완성해 기쁨과 슬픔 사이에서 균형을 찾을 것을 요구한다."

결국, 우리는 사회적 동물 그 이상이다. 우리는 의미를 추구하고, 의미를 만들어내는 피조물이다. 융이 지적했듯 "삶에서는 무의미한 최대보다 의미 있는 최소가 항상 더 가치 있다."

어디서 와서
어디로 가는가

우리는 일상생활의 대부분을 책임 이행, 일정 완수, 과제 수행, 합법적 의무 준수에 쓴다. 이런 활동 대다수는 중요하며 삶을 지탱해 주는 것들이다. 하지만 우리 시대의 지형에 함몰되어 있다 보면 고대 경전인 〈바가바드 기타〉에 나오는 두 번째 새의 관찰자적 태도, 거시적 관점, 종합적 비전을 상실한다. 간단히 말해서 내 인생은 무엇일까? 우리는 왜 여기 있을까? 여기 있는 동안 무엇을 해야 할까? 등과 같은 질문을 잃게 된다.

내 내담자 중 70세가 넘은 몇몇 사람은 생애 이력을 되짚고, 몇몇 고착 지점을 드러내고, 가끔은 이른바 우리의 일대기라고 할 만한 각종 파도와 부침의 패턴을 만들어내는 힘을 보여 주는 꿈을 많이 꾼다고 했다. 꿈 작업을 비롯한 여러 대화를 통해 내담자 상당수는 자기 안에 있는 패턴을 분별해냈다. 콤플렉스, 회피, 순응 그리고 불안과 맞바꾼 미묘한 전략이 일으키는 패턴은 쉽게 분별할 수 있지만, 우리를 움직이고 조성하는 비가시적 힘을 위압하는 패턴을 가려내기란 훨씬 어렵다. 내가 자주 인용하는 구절이지만, 여기서 햄릿 형제의 대사를 다시 한번 나누고 싶다.

"우리의 결말을 결정짓는 운명이 있지. 애써 우리 의지로 마무리 지으려 해도 말이야."

여기서 생각할 것은, 우리를 통해 자신을 표현하려는 '신의 뜻 destiny'이 있다는 점이다. 이 뜻은 때로는 부드럽게, 때로는 거친 거대한 파도를 일으키며 나타나 그 윤곽을 알아보기가 어렵다. 하지만 이는 분명 존재한다. 만약 충분히 오래 사는 혜택을 얻었다면 이러한 신의 뜻을 바라보고 우리의 의식적인 의도보다 훨씬 크고 우리 주변에 존재하는 여러 영향력보다 훨씬 거대한 어떤 힘이 그동안 작용해왔음을 깨달을 것이다.

80세였던 칼 융이 그동안 받은 여러 요청에 부응해 자신의 회고록을 구술해 《기억, 꿈, 사상Memories, Dreams, Reflections》이라는 제목으로 펴냈을 때도 비슷한 생각이었을 것이다. 이 책에는 프로이트에 대한 언급도 있고 세계 곳곳을 여행한 내용도 담겨 있지만, 융은 책 초반부터 이 책이 자신의 외적 삶을 기록한 자서전이 아니라고 이야기한다. 오히려 그의 내적 삶이 성장하고 발전하고 확장된 방식을 추적한 내용이라고 했다. 삶에 관한 최종 판결을 내리고 무엇을 확언하는 것이 좋을지 결정할 권리는 융에게 있었다. 하지만 그는 매우 겸허한 자세로 조심스럽게 한 발짝 물러서서, 자신에게는 이렇다 할 전반적인 결론도, 조언도, 대단한 철학도 없다고 말한다. 대신, 자신의 생애 여정을 되돌아볼 때 그 속에서 펼쳐진 패턴에 가장 크게 감동하고 있다.

나는 내 자신과 나의 삶에 관해 판단할 수 없다. 내가 뚜렷하게 확신할 만한 것은 아무것도 없다. 나는 진정 그 무엇에 관해서도 명백한 확신을 갖고 있지 않다. 단지 내가 태어나 존재한다는 사실을 알 뿐이며, 나는 그저 어디에 실려 다녔던 것만 같다. 내가 발 딛고 있는 이 존재의 토대 아래에는 내가 모르는 것이 있다. 이 모든 불확실성 속에서도 나는 모든 존재를 지탱하는 견고함과 내 존재 방식의 연속성을 느낀다.[18]

이는 매우 놀랍고도 겸손한 발언이다. 풍부한 경험을 쌓으며 평생 어마어마한 연구와 탐구를 지속했음에도 그 어떤 신념이나 확신도 없고, 이 모든 부품을 조직하는 엔진에 대한 의식적 서술도 없다. 그럼에도 여전히 심오하고 꾸준한 연결성, 견고함, 연속성이 그를 통해 드러난다. 우리도 지금 여기 존재한다는 신비와 경이로움에 깊이 참여할 수 있다면 얼마나 좋을까. 그러기 위해서는 융이 말하는 '상징적 삶', 즉 외부 참조점(성취, 대인관계, 자녀, 지위, 부, 경력 등)이 아니라 '여기 존재'한다는 더 거대한 물음과 관계를 맺어야 지침을 얻는 삶을 살 수 있을 것이다.[19]

나 또한 그 많은 날 동안 내가 어떤 인도를 받았는지 알고 있다. 우리는 분주한 삶에 너무 밀착된 나머지 삶을 제대로 보지 못

9장 융이 가르쳐주는 의미를 찾아 떠나는 여행

한다. 하지만 배가 멀리 떠난 뒤에 해안가에 생기는 너울을 보고 배가 지나간 것을 알 수 있듯, 물결치는 긴 패턴을 보면서 그동안 보이지 않는 원천이 존재했음을 깨닫는다. 어떤 이는 이 존재를 신의 뜻의 현현으로 인격화할 것이며, 어떤 이는 다양한 사회화의 영향력-이것도 한몫한다-을 꼽을 것이다. 유전자에 원인을 돌리는 사람도 있을 것이며, 분자들의 임의적 연결이라는 사람도 있을 것이다. 어쩌면 간단하게 이 모든 힘의 원형적 조합을 '신들'이라고 부르는 게 나을지도 모른다. 이는 형이상학적 또는 신학적 주장이 아니다. 그 신비한 것의 자율성을 존중하고, 제한적인 인간 조건 속에서도 그 신비와 관계를 맺고 싶은 바람을 표현한 것이다.

융이 신경증은 성났거나 외면당한 신들이라고 말했을 때, 그는 이 비가시적 존재들의 전능함을 인정했다. 유일한 질문은 이것이다. 자신의 감수성에 비춰볼 때 어떤 은유가 가장 와 닿는가? 신God, '신들the gods', 우연성, 유전학, 사회정치학적 구조, 그 외 아무것이라도 좋다. 이런저런 은유에 끌릴 때, 그 상징은 결코 '무엇Thing'이 아니라는 점을 반드시 기억하자. 그 '무엇Thing'은 '무엇Thing'이라고 규정할 수 없으며, 그저 존재할 뿐 항상 미지로 남아 있다는 것을 기억하면 된다.[20] 그래야 우리의 빈약한 구조와 제한적인 시각적 상상력의 한계를 인정할 수 있다. 한편, 이러한 것들을 알고, 숙고하고, 겪어 보려는 우리의 내재적 욕구도 기억해야 한다. 이런 욕구가 있기에 우리는 아무 의식이 없는 물건이 아니라 인간인 것이다.

때때로 우리의 세계는 쇠락하고, 붕괴하고, 알 수 없는 방식으로 갑자기 모습을 바꾼다. 우리는 무상함과 불확실성의 바다에서 표류하고 있는지도 모른다. 변화는 생명이 소생하는 방식이다. 하지만 자아의식은 변화를 그리 반기지 않는다. 변화가 주권, 이해, 통제에 대한 우리의 환상을 깨뜨리기 때문이다. 강박적 인격 장애를 겪는 사람들이 잘 알고 있듯 통제하려고 노력하면 할수록 삶은 더 우리의 통제를 벗어난다. 지난 수십 년 사이에 거대한 사회적 변화, 오래된 '진실'의 파괴, 새로운 야만주의, 새로운 사기꾼, 새롭게 깨진 약속들이 등장한 순간들이 있었다. 과연 우리 영혼에서 항상성을 지키는 것은 무엇일까? 괴테는 이렇게 물었다.

"무엇이 변화 속에서 지속하는가?"

예측할 수 없고 통제할 수 없는 변화의

세계 속에서 오직 우리를 안내하는 본능,

우리의 내적 나침반, 우리의 꿈과 나누는 대화, 우리의 계시적 반응 체계와 맺는 관계만이 연속성을 제공한다. 자신의 내적인 삶, 자신의 자율적이고 지지적인 정신과 교류하는 모든 사람은 개인

변화는 자연의 본성이며 우리도
그러한 자연의 일부다.

적, 사회적 변화의 조류를 이겨내고 반대편에 모습을 드러낼 것이다.

존경할 만한 시인 바쇼Basho(芭蕉, 17세기 일본의 하이쿠 시인-옮긴이)는 우리 모두가 "집으로 가고 있다."라고 쓴 적이 있다. 그렇다. 우리는 집으로 가는데, 그 과정에서 우리를 집에서 멀리 벗어나게 만들어 전에 상상하거나 계획하지 않았던 집으로 이끄는 여러 여정을 경험한다.

우리는 누가 또는 무엇이 배를 조종하고 있는지 궁금해 해야 한다. 우리는 선장인가, 승객인가? 우리가 떠나온 곳은 신비에 싸여 있고, 최종 목적지는 더더욱 알 수 없다. 하지만 이것은 엄청난 여정이자 바로 우리의 여정이다. 해초 더미가 가득한 모래톱과 바위가 많은 해안을 지나고 빽빽한 안개 속을 지나더라도 눈을 크게 뜨고 새로운 해안을 찾도록 노력하자.

|

귀향

　페이지마다 놓인 실을 잘 붙잡고 따라왔다면, 그 실의 끄트머리가 숱한 외부 장애물을 지나 자기 내면의 미로 속에 있다는 것을 지금쯤 깨달았을 것이다. 횔덜린이 〈귀향〉이라는 시에서 "그대가 찾는 것은 가까이 있어 벌써 그대와 마주하고 있다."라고 했던 말을 기억하자. 모든 치유는 우리 몸의 지혜, 발전을 추구하는 정신의 의지, 우리의 근원과 운명을 연결하는 장소로 돌아오는 일종의 귀향이다. 하지만 이 집은 무엇을 가리키며 어디에 있을까? 집을 찾았다면 그곳에 머물러야 할까?

　내가 직접 겪은 일이다. 몇 년 전에도 글로 쓴 바가 있지만, 다시 언급할 만한 이야기다. 아내와 나는 뉴저지주의 애틀랜틱시티 근교에 살았던 적이 있다. 화려한 불빛 속에 겉만 번지르르한 카지노 동네를 보며 눈살을 찌푸리곤 했는데, 한번은 저녁 식사와 쇼 관람권을 선물로 받았다. 옛 선지자들은 "카지노에서 주는 식사라도 공짜는 없다."라며 다양한 방식으로 경고했지만, 우리 부부는 그 말을 잊어버렸다. 지금껏 깜빡 속았던 수많은 사람처럼 우리도 그곳에 가 보았다. 무대 위에서는 가수, 코미디언, 마술사들이 버라이어티 쇼를 펼치고 있었다. 멕시코에서 온 곡예사 두 명이 객석에서 자원자를 찾았다. 말짱한 정신으로 이에 응할 사람은 당연히 없었다. 그러자 두 사람은 관객 사이로 비집고 들어와 '무고한(?)' 조연을 무대로 끌고 갔다. 그렇게 나는 육백 명쯤 되는 낯선 사람들 앞에 서게 되었다.

긴장하지는 않았던 것 같다. 오히려 꿈속에 있는 듯 비현실적인 기분이었다. 이름을 묻기에 답해 주었다. 뒤이어 "집은 어디죠?"라고 묻는 말에, 왜 그랬는지 모르지만 말문이 막혔다. 어릴 때 꿨던 최악의 악몽처럼 마이크를 앞에 둔 채 몇 초가 흘렀다. 그때 나는 '그것 참 재미있는 질문이군. 집이라. 집이라고? 내 집은 어디일까?'라고 혼자 생각했다. 관객들은 무대에 서 있는 바보를 보며 피식피식 웃기 시작했고, 곡예사들은 세 번째 줄에 앉은 여성을 데려올 걸 하는 눈치였다. 마음속으로 내가 살았던 장소를 쭉 훑어본 뒤, 나는 "취리히입니다."라고 대답했다. 하지만 속으로는 '아니지. 그건 은유고, 실제로 내가 사는 데는 아니지.'

라고 생각했다. 곡예사 한 명이 "너무 까다로운 질문을 드렸나요?"라고 말했다. 그제야 나는 정신을 차리고 "뉴저지 린우드요."라고 대답했다. 그러고는 곡예가 시작되었다. 열심히 군중을 즐겁게 해 주려는 곡예사들 때문에 나는 거의 죽을 뻔했지만, 사실 그날 가장 주목할 만한 사건은 무대 위에서 그 고통스러운 몇 초 사이에 벌어진 일이었다.

지금 생각하면 긴장이나 무대 공포증은 아니었다. 그 순간의 비현실적인 느낌이 내 정신을 두 부분으로 분리시킨 것 같았다. 한쪽은 곡예사가 던진 질문을 문자 그대로 받아들여 답하려 했고, 다른 한쪽은 이 질문의 무게를 고려하고 있었다. 그렇다면 집은 과연 무엇일까? 곡예사의 질문에 대한 내 '대답'을 생각해보니, 그 난처한 순간에도 내 대답은 상징적이고 그들이 원하는 답은 아니었으며, 내게 뭔가 심오한 것을 드러내는 것이었다. 집이란 장소가 아니라 여정이자 과정이라는 사실을 깨달은 것이다. 내게 있어 취리히는 중년을 통과한 장소이자 정신이라는 미지의 영역으로 내려가는 어두운 길이었고, 나의 회복탄력성을 검증하는 시기였던 동시에 아주 오랫동안 모호함을 안고 살아가는 과정이었다. 더불어 이것은 상징적 망명길에 올라 익숙한 세계를 잃어버리고 지하세계로 내려갔다가 다시 한번 서서히 영혼과의 관계를 회복하는 여정이었다. 취리히는 도시가 아니라 영혼의 여정에서 거쳐 간 중간역이었다. '모든 길은 로마로 통한다'라든가 '내년에는 예루살렘에서'라고 말하거나, 카바 신전(메카에 있는 이슬람교의 성전-옮긴이)으로 순례를 떠나는 이들이 있듯이, 취리히는 지리적 지점이자 시공간 속의 좌표지만 내게는 무한한 여정을 뜻하는 말이었다.

나처럼 세계를 두루 순례한 뒤 결국 취리히로 돌아왔다는 또 한 사람은 동료이자 친구인 존 힐John Hill이다. 그는 아일랜드인이지만 어느 나라에도 매이지 않고 영혼의 순례를 지속하는 사람이다. 존은 집의 원형을 종합적으로 탐구해 펴낸 그의 책《내 집은 어디인가At Home in the World》에서 자신의 숱한 여행 경험을 되돌아보고, 귀향에 관한 몇 가지 중요한 결론에 도달했다. 내가 얻은 결론과도 비슷했다. 긴 저술을 끝마칠 무렵, 자신이 '집'에 몰두하는 것이 일종의 퇴행은 아닐까 하는 의구심을 가졌던 그는 어렸을 때 살던 집에 빛을 내뿜는 돌이 가득한 모습을 꿈에서 보았다. 그 후 얼마 지나지 않아 그리스의 밧모섬 해변을 걷다가 비슷한 모양의 돌을 보게 되었다. 존은 그때 자신의 집은 아일랜드가 아니라 기나긴 여정 끝에 '집에 관해 쓴 책'이라는 것을 깨달았다.[1] 집이 장소의 개념에서 과정의 개념으로, 물리적 소재에서 영적 움직임으로 변모한 것이다.

나는 우리가 돌아갈 집이 '저 밖'에는 없다는 사실을 깨달았다. 도달해야 할 발할라 Valhalla (북유럽 신화에 나오는 궁전으로 오딘을 위해 싸우다가 살해된 전사들이 머무는 곳-옮긴이)는 없다. 오직 여정이 있을 뿐이다. 어렸을 때 이해하지 못했던 것을 지금은 이해한다. 이 여정이 우리의 집이며, 우리의 집은 곧 우리의 여정이다. 달리 말해서 내가 속속들이 알고 있어서 마침내 만족을 누릴 그런 목적지란 없다는 뜻이다. 모든 사람의 마음에는 알고 싶고 탐험하고 싶어 하는 갈망과 불타는 욕구가 있다. 그렇지 않다면 '무엇을 볼 수 있을지 알아보려고' 곰이 산을 넘어갔다는 노래('곰이 산을 넘어 갔어요 The bear went over the mountain'라는 동요-옮긴이) 가사가 왜 있겠는가. 융이 지적했듯이 이렇게 우리 안에서 혼이 재촉하는 덕분에 융이 인간에게 가장 큰 유혹이라고 했던 무기력, 나태, 잠시 노 젓기를 쉬는 것을 넘어설 수 있다.

노 젓기 이야기가 나왔으니 말인데, 내 사무실 프린터에는《오디세이아 The Odyssey》의 한 구절이 붙어 있다.

나는 여기 머물며 다 견뎌낼 거야.
하지만 사나운 바다 물결에 뗏목이 산산조각으로 부서지면
그때는 헤엄쳐 나아갈 거야.

이 구절을 왜 거기에 붙여 놓았다고 생각하는가? 어떤 호기심

이든, 어떤 신비든 나를 부르는 것을 따라 헤엄치고 계속 앞으로 나아가라고 자신에게 상기시키는 것이다. 많은 사람이 충돌보다 평화와 만족과 고요를 좇는다. 나 또한 이런 것을 누릴 수 있는 쪽으로 가고픈 유혹이 들지만, 우리의 여정은 자기만족 속에 느긋하게 머물면서 영적으로 정체되기 전에 또다시 전진하고 새롭게 길을 떠나는 데 있다고 생각한다. 설령 우리가 '집'에 도달하더라도 내적, 사회적, 시대적 측면에서 땅의 힘들이 동요해 우리를 그곳에서 빼내려 할 것이다. 우리의 여정이 곧 집이라면 성장, 흐름, 발전이 더 친숙한 동반자가 될 것이다.

콘스탄틴 카바피Cavafy의 시 〈이타카Ithaka〉를 알고 사랑하는 사람이 많을 것이다. 트로이 평원에서 학살과 혼란 속에 10년을 보내고, 또 다른 10년을 해초와 거품에 엉킨 채 포도주 빛 바다 위에서 보내 지칠 대로 지친 오디세우스가 드디어 자신의 집 이타카에 도착한다. 그는 잠시나마 숨을 돌리고, 접이식 의자를 꺼내앉고, 여섯 팩짜리 술을 따고, 스포츠 경기를 볼 수도 있었을 것이다. 그러나 이 떠돌이의 귀에는 이런 속삭임이 들려온다.

> 이타카는 네게 경이로운 여행을 베풀었지
> 이타카가 아니었다면 네 여정은 시작조차 없었으리라
> 이제 이타카가 네게 줄 것은 아무것도 없구나.

그곳이 형편없는 땅이라 해도,

이타카는 너를 속이지 않았지

너는 온갖 겪음 속에 지혜로운 자가 될 터이니

때가 되면 그제야 이타카의 의미를 깨달으리라.

이는 우리에게도 깨달음을 준다. 각양각색의 이타카가 우리에게 여정을 선사하며, 우리의 여정이 곧 우리의 집이라는 것을 말이다. 모든 도착은 다음 여정으로 가는 길목에 있는 통과역이다. 그렇지 않다면 그것은 죽은 영혼의 묘석일 것이다.

독자에게는 실망스러운 결론일지 모르지만, 우리는 늘 이행기 속에 있다고 말할 수 있다. 우리는 이미 도달해 소진한 것과 지평선 저 너머에서 우리에게 다가오는 것 사이를 살아간다. 이 여정을 최선을 다해 살아낼 때 변화, 상실, 도전의 시기를 가장 잘 넘어갈 수 있다. 유혹적인 오락거리가 울리는 사이렌, 그리고 우리 삶의 물보라 속에서 위협적인 모습으로 떠오르는 바다뱀을 모두 상대해야 한다. 자연이 선사한 호기심과 갈망의 안내를 받으며 나아가다 보면 고대인의 영혼과 우리 영혼에 흐르는 동일한 지혜 속에 우리의 다림줄을 내릴 수 있을 것이다. 우리 삶이 고대인의 삶보다 조금이라도 더 수월하다고 생각할 이유는 없다. 반대로, 고대인이 자기 안에서 찾아야 했던 신들의 자원이 우리에게는 없다고 생각할 이유도 없다. 그들이 이미 여정을 겪었으므로 우리는 그런 여정을 하지 않아도 된다고 생각해서는 안 된다. 왜 우리는 익숙한 해안을 떠나는 일을 면제받았다고 생각하는가? 키르케고르는 '상선들은 해안을 껴안지만, 대해로 나가는 선원들이 반가워하는 것은 대양'이라고 했다.

두려운가? 물론이다. 오직 정신병자와 망상에 사로잡힌 자만이 두려워하지 않는다는 것을 기억하자. 두려움 때문에 과감하게 자기 모습을 삶 속에 드러내지 못한다는 것은 핑계가 될 수 없다.

외롭다고 느끼는가? 그럴 것이다. 우리 모두 가야 할 여정이 있다. 이런저런 이행기 동안 우리 모두가 이해할 수 없는 신들이 압도하는 통로를 거쳐야 한다. 나의 여정을 맡을 사람은 나뿐이며, 내 손에 있는 지도만이 내게 알맞다. 다른 사람도 각자의 길을 찾아야 한다. 하지만 같은 항해를 하고 있는 많은 사람이 있음을 기억하자. 비슷한 난파를 겪어 보았고, 비슷한 두려움을 마주하고 있으며, 비슷한 자기 의심에 휩싸인 사람들이다. 그럼에도 상상할 수 없는 무한한 영역인 넓은 바다가 손짓하고 있다. 우리가 할 수 있는 것은 모습을 드러내고 노를 쥐고, 최선을 다해 젓는 것이다. 비록 혼자라고 해도, 거친 숨을 토해내는 바다를 함께 항해하는 것이다. 결과가 어떻든지 간에, 그 노를 손에 쥔 뒤에는 우리와 같은 처지였던 항해자 아이네이아스^{Aeneas}(그리스 신화에 나오는 영웅으로, 트로이성이 함락된 후 로마로 피신해 로마 건국의 기초를 쌓은 인물-옮긴이)와 함께 이렇게 말할 수 있을 것이다.

"나는 내 삶을 살아냈노라. 운명이 내게 지운 노정을 다 밟았노라."

주석

1장

1 Arnold, "The Buried Life."

2 Rilke, Letters to a Young Poet, letter VIII.

3 같은 책

4 Nietzsche, The Joyful Science.

5 Yeats, "Nineteen Hundred and Nineteen," lines 25 – 26.

6 Jung, CW 13: Alchemical Studies, para. 54.

7 MacLeish, "Hypocrite Auteur."

2장

1 Solzhenitsyn, The Red Wheel, node 3, book 1.

2 Beckett, Waiting for Godot.

3 Shakespeare, Macbeth, act IV, scene 2, lines 75 – 77.

4 Harari, Homo Deus, 200 – 201.

5 자세한 사항은 레이 커즈와일*Ray Kurzweil*의 《특이점이 온다*The Singularity is Near*》를 참조하라. 재치 있는 누군가는 특이점을 가리켜 '괴짜들의 휴거*the Rapture for nerds*'라고도 했다.

6 Jung, CW 18: The Symbolic Life, para. 627.

7 Tillich, "The Lost Dimension in Religion."

3장

1 Jung, CW 7. Two Essays on Analytic Psychology. Para. 409.

4장

1 Shakespeare, Hamlet, act III, scene I, lines 61 – 62.

2 텍사스주 휴스턴의 융 센터에서 열렸던 매리언 우드먼*Marion Woodman*의 강연 내용

3 Milton, Paradise Lost, book 4, line 73.

4 억제*suppression*는 긴급한 문제를 회피하려는 의식적이고 의도적인 행위이다. 억압*repression*은 위협적 대상을 직면하는 고통을 회피하려고 이를 무의식의 영역에 밀어 넣는 무의식적이고 반사적인 노력이다. 해리*dissociation*는 위협을 받는 자아의식을 보호하기 위해 현재 인격에서 더 안전한 다른 인격으로 어쩔 수 없이 이탈하는 것을 말한다.

5 이러한 성격 장애의 예로 회피(회피성 인격장애, 분열성 인격장애, 해리성 인격장애), 순응(의존성 인격장애), 권력(반사회적 인격장애, 강박성 인격장애) 등이 있다.

6 이러한 장애들은 충분한 확신을 주지 못하고 정서적 결핍을 안겨주는 환경 속에서 형성되고, 자기 이미지(편집성 인격장애), 지나친 결핍(경계선적 인격장애), 권력 메커니즘(자기애적 인격장애, 히스테리성 인격장애)의 형태로 나타난다.

7 Jung, The Zofingia Lectures, 73.

5장

1 Eliot, "Baudelaire," in Selected Essays, 429.

2 Jung, CW 11: Psychology and Religion: West and East, para. 36.

3 별도의 언급이 없는 한 이 부분의 모든 구절은 소포클레스의 《안티고네》에서 인용했다.

4 별도의 언급이 없는 한 이 부분의 모든 구절은 셰익스피어의 《햄릿

Hamlet》에서 인용했다.

5 별도의 언급이 없는 한 이 부분의 모든 구절은 엘리엇의 《앨프리드 프루프록의 사랑노래*The Love Song of J. Alfred Prufrock*》에서 인용했다.

6 'Good Housekeeping', December 1961.

6장

1 Arnold, "The Buried Life."

8장

1 여기 속하는 명사 한 사람은 최근 자신의 교인들에게 세계 곳곳에 흩어져 있는 신자를 방문할 수 있도록 자기 하인에게 새 제트기가 필요하다고 '신'이 자신에게 말했다고 주장했다. 그와 같이 신의 계시를 전달하는 특별한 존재는 상업용 항공기의 싸구려 좌석에 앉을 수 없고, 당연히 보안 검색대는 거치지 않아도 된다고 생각하는 사람이 있는 모양이다. 이런 최신식 신의 통로에는 자연스럽게 신자들의 재원이 필요하다.

2 Battiste, "Police Raid 'Secret Archives' of Houston Archdiocese."

3 1860년대에 디킨슨은 비평가인 토머스 웬트워스 히긴슨*Thomas Wentworth Higginson*에게 보낸 편지에서 "선원은 북쪽을 볼 수는 없지만, 나침반이 그 방향을 가리킨다는 것은 압니다."라고 적었다. 우리 모두 자신에게 나침반이 있다는 것을 깨닫고 과감하게 이를 의지해야 한다는 말이었다.

4 로버트 존슨*Robert Johnson*의 《내면 작업*Inner Work: Using Dreams and Active Imagination for Personal Growth*》, 제임스 홀*James Hall*의 《융 학파의 꿈 해석*Jungian Dream Interpretation*》은 꿈에

관한 지식을 한층 넓혀 주는 좋은 입문서다.

5 Dunn, "Loves," Landscape at the End of the Century, 94.

6 Rilke, Letters to a Young Poet, letter 7.

9장

1 Jung, CW 13: Alchemical Studies, 15.

2 Ibid., 18.

3 Moustakas, Loneliness, ix.

4 Jung, CW 13: Psychology and Alchemy, para. 32.

5 Jung, Memories, Dreams, Responsibilities, 356.

6 Jung, 《The Archetypes and the Collective Unconscious》, 253.

> 융이 당시 불필요하게 민심을 교란시킨 사람이라 여겨진다면, 오늘
> 날 세계가 일촉즉발의 재앙을 무릅쓰고 원자력을 확산하고, 지구온
> 난화에도 불구하고 부주의한 생활 습관을 유지하는 모습을 생각해
> 보자. 우리에게 지식이 부족하다고 말할 수는 없다. 이익과 정치적
> 편의를 위해 의도적으로 우리를 잘못된 길로 이끄는 이들은 부끄러
> 위할 줄 알아야 한다.

7 같은 책

8 Dunn, "The Good News," in Here and Now Poems.

9 Jung, CW 11: Psychology and Religion: West and East, para. 140.

10 Jung, CW 8: The Structure and Dynamics of the Psyche, para. 786.

11 원형의 측면에서 돌아보면, 내 삶은 은유적으로 말해 헤르메스*Hermes*
신에 대한 봉사였다. 메르쿠리우스*Mercurius*(헤르메스의 로마식 이름-옮긴이)는
원초적 힘들 사이의 소통을 촉진할 뿐만 아니라 중간지대의 신이기

도 하다. 초월적 영역과 속세의 염려 사이, 신들과 인간 사이, 자아의 세계와 거대한 정신의 신비 사이를 잇는 신 말이다. 헤르메스를 섬기는 '사제' 역할은 세무당국이나 정부 통계기관에서는 인정해 주지 않겠지만, 내게는 뜻밖에도 가장 의미 있는 소명이었다.

12 Jung, CW 8: The Structure and Dynamics of the Psyche, para. 815.

13 별도의 언급이 없는 한 이 부분의 모든 구절은 융의《변용의 상징들 *Symbols of Transformation*》에서 인용했다.

14 Jung, CW 14: Mysterium Coniunctionis, para. 778.

15 Sartre, cited in Bakewell, At the Existentialists Café, 10.

16 Jung, CW 13: Psychology and Alchemy, para. 32.

17 융의 《전집 제16권: 정신치료의 실제(가제, CW 16: The Practice of Psychotherapy)》 82문단에서 인용했다.

18 Jung, "Memories, Dreams", Reflections, 287.

19 독일어로 '존재'를 뜻하는 Dasein은 '여기 있다'를 의미한다. 여기에 마르틴 하이데거*Martin Heidegger*는 우리가 '여기에 내던져진' 존재라고 덧붙였다.

20 존재의 본질적 신비를 말할 때, 내가 객관적 존재임을 나타내기 위해 명사('무엇')를 썼다는 것을 잘 알고 있다. 하지만 나는 은유적으로 말하는 것이며, 이 난해한 '무엇'은 절대 '무엇'이 될 수 없음을 늘 기억하자. 다양한 원격 측정기술로 관찰할 수 있는 명사 또는 개체로 나타내는 것 같지만, 이 모든 것은 문법의 덫이다. '어떤 것*anything*'에 대해 말하고자 하면 그것이 전혀 무엇이 아닐 때도 그것을 '무엇*thing*'으로 쓸 수밖에 없는 것이다. 키르케고르는 "이름을 붙일 수 있는 신은 신이 아니다."라고 말했다. 동양철학적으로 말한다면 "이름 붙일 수 있는 도는 도가 아니다."

오십, 어떻게 살아야 할까

초판 인쇄 2022년 8월 10일
초판 발행 2022년 8월 20일

지은이 · 제임스 홀리스
옮긴이 · 김미정
펴낸이 · 김승헌
책임편집 · 김아롬
디자인 · 유어텍스트

펴낸곳 · 도서출판 작은우주 | 주소 · 서울특별시 마포구 양화로 73, 6층 MS-8호.
출판등록일 · 2014년 7월 15일(제2019-000049호)
전화 · 031-318-5286 | 팩스 · 0303-3445-0808 | 이메일 · book-agit@naver.com

ISBN 979-11-87310-66-2 03180

| 북아지트는 작은우주의 성인 단행본 브랜드입니다. |